土木工程科技创新与发展研究前沿丛书

轨道交通穿越加油站安全评估
——工程案例与实践

侯博文　路清泉　著

中国建筑工业出版社

图书在版编目（CIP）数据

轨道交通穿越加油站安全评估：工程案例与实践 / 侯博文，路清泉著. -- 北京：中国建筑工业出版社，2024.7. --（土木工程科技创新与发展研究前沿丛书）. ISBN 978-7-112-30075-4

Ⅰ．U231.3

中国国家版本馆 CIP 数据核字第 202458N8C7 号

本书通过收集、整理和分析各种地质、设计和现状调查资料，运用定性、定量分析，综合运用工程类比测试、理论仿真分析等多种手段，对城市轨道交通施工及试运营阶段引起的加油站区域沉降及结构变形、加油站结构振动、埋地油罐爆炸对城市轨道交通运营安全的影响等重要问题进行预测及分析，结合我国现行评价标准对上述问题进行安全性影响评估。本书共包括4章内容，分别为绪论、评估依据、城市轨道交通穿越加油站模型建立、城市轨道交通侧穿加油站实际案例分析；另包括1个附录，为加油站振动类比测试结果。

本书主要面向轨道交通建设管理单位以及运营单位的相关人员，同时也可为轨道交通环境振动安全评估方向的科研人员、高校师生提供案例参考。

责任编辑：李天虹
责任校对：张惠雯

土木工程科技创新与发展研究前沿丛书
轨道交通穿越加油站安全评估
——工程案例与实践
侯博文　路清泉　著

*

中国建筑工业出版社出版、发行（北京海淀三里河路9号）
各地新华书店、建筑书店经销
北京鸿文瀚海文化传媒有限公司制版
建工社（河北）印刷有限公司印刷

*

开本：787毫米×1092毫米　1/16　印张：11　字数：271千字
2024年7月第一版　2024年7月第一次印刷
定价：**48.00**元
ISBN 978-7-112-30075-4
（43105）

版权所有　翻印必究
如有内容及印装质量问题，请与本社读者服务中心联系
电话：(010) 58337283　QQ：2885381756
（地址：北京海淀三里河路9号中国建筑工业出版社604室　邮政编码：100037）

前言

在快速发展的现代城市中，城市轨道交通因其高效、环保的特点成为城市交通的重要组成部分。然而，随着城市化进程的加速，城市地下空间的开发利用日趋密集，轨道交通建设不可避免地会穿越或邻近各种敏感区域，如加油站等。这些施工和运营过程中产生的振动、沉降等问题对周边环境和建筑安全构成了潜在风险。因此，本书聚焦于轨道交通在穿越加油站等特殊环境时所面临的挑战与解决方案，旨在通过系统的技术分析与评估，为相关工程提供指导和参考。

为了更好地指导实际工程，通过对相关评估标准和规范的梳理，本书提出了一系列科学的评估方法和解决措施，其中，细致地分析了施工步骤模拟原则、系统动力学模型的建立与验证，以及具体的评估依据和评价指标选择，旨在为工程设计与施工提供科学、合理的指导建议。

在案例分析部分，详细展示了评估方法的应用过程和结果，对比分析了不同工程措施的效果，进一步验证了评估方法的有效性和实用性。此外，本书还针对可能出现的安全风险提出了具体的防范和应对措施，为确保施工和运营安全提供了实际案例的分析验证，从而为实践中的工程提供了宝贵的指导意见和安全对策。

本书不仅对轨道交通工程技术人员在遇到类似工程问题时提供了理论支持和技术指导，同时也为城市规划者、建设者提供了宝贵的参考资料。通过对城市轨道交通穿越加油站问题的深入探讨，本书为确保城市轨道交通安全、高效地穿越特殊场所提供了科学的方法和策略。

在本书撰写过程中，北京交通大学研究生胡凯悦参与了资料搜集整理、仿真分析等研究工作以及后期文字的整理，建设综合勘察研究设计院有限公司张彦斌等进行了部分地勘资料搜集及现场测试工作。在此，对上述单位及个人的支持与帮助一并表示感谢。

扫码查看书中部分彩图

目录

1 绪论 ··· 1
　1.1 研究背景 ·· 1
　1.2 研究目的和意义 ·· 1
　1.3 评估内容 ·· 2
　1.4 评估思路和方法 ·· 2

2 评估依据 ·· 4
　2.1 设计资料文件 ··· 4
　2.2 相关评价标准及规范 ·· 4
　2.3 本项目评价指标的选取 ·· 5

3 城市轨道交通穿越加油站模型建立 ·· 12
　3.1 施工步骤模拟原则及过程 ··· 12
　3.2 系统动力学模型的建立及验证 ·· 12

4 城市轨道交通侧穿加油站实际案例分析 ··· 38
　4.1 工程背景 ··· 38
　4.2 工程地质及水文地质情况 ··· 40
　4.3 加油站结构振动类比测试评估 ·· 45
　4.4 盾构隧道施工引起的加油站结构沉降实际案例分析 ······································· 75
　4.5 城市轨道交通施工及试运营引起的加油站结构振动实际案例分析 ·················· 87
　4.6 油罐爆炸对城市轨道交通安全性影响实际案例分析 ····································· 139
　4.7 结论与建议 ··· 156

参考文献 ·· 162

附录　加油站振动类比测试结果 ·· 163
　附录1　右安门加油站数据统计 ··· 163
　附录2　玉泉营加油站统计 ·· 166
　附录3　中石化加油站统计 ·· 169

1 绪论

1.1 研究背景

1863年1月,世界上第一条地铁线路——大都会地铁在英国首都伦敦正式开通运营[1]。受当时技术条件所限,大都会地铁干线长度仅为6.5km,采用蒸汽机车进行牵引。大都会地铁从开通之日起,便以其大客运量、高效、准时、快速、舒适、覆盖区域广阔、节省土地面积等诸多特点,从诸多城市交通方式中脱颖而出。从此,伦敦地铁网络不断扩大,其他各国也纷纷效仿伦敦地铁而在其主要发达城市修建地铁网络,如匈牙利首都布达佩斯于1896年开通运营了第一条地铁线路[2],波士顿[3]、巴黎[4]、纽约等城市也先后完成了各自城市内地铁线路的开通运营。截至2008年,全世界范围内已有50多个国家和地区的120多座城市中修建了地铁,线路累积总长超过7500km,年客运总量达到230亿人次[5]。

目前,地铁建设是我国城市发展的重要组成部分,在改善城市交通结构、促进城市发展繁荣、减少城市大气污染和节约能源等方面具有重大贡献,是城市规划可持续发展战略理念的重要体现。近年来,我国各大城市经济的发展也带动了地铁建设的飞速发展。"十五"期间,全国城轨交通平均每年新增80km;"十一五"期间,平均每年新增177km;"十二五"期间,该数字逐年递增,仅2014年新增的409km就超过了"十五"期间5年的总和。截至2014年底,全国已有22个城市建成地铁95条,运营里程达到2900km;而21世纪初,全国仅有4城共7条地铁线路,总里程146km。截至2021年底,我国拥有轨道交通的城市达50个,运营总里程约8939km。

随着地铁路网的不断加密,城市建筑物规模的不断扩大,地铁线路与建筑物之间的距离逐渐减小,此时土体对地铁运行引起的振动已无法进行充分衰减,若不采取有效隔振措施,地铁运营引起的长期反复振动会极大地影响邻近建筑物中居民的生理及心理健康,干扰精密仪器等振动敏感设备的正常运行,严重时可能会导致建筑物地基变形、下沉或是装饰坠落等安全问题,尤其对具有文化价值的古建筑物的破坏更是会带来不可估量的损失[6-10]。

1.2 研究目的和意义

随着国家、城市的经济发展,地铁成为交通繁忙、人口密集城市的重要交通工具。在地铁隧道工程中,近距离上跨、下穿既有建筑物的情况无法避免。在上跨及下穿工程的施工过程中,地层受扰动、超挖等都可能造成地面及地下结构出现变形和受力状态发生改变,影响周边地面及地下建、构筑物结构的安全。由于地铁线路与加油站埋地油库的距离较近,在地铁盾构隧道施工和试运营阶段产生的区域沉降及振动响应使得加油站结构及地铁线路结构安全处于较高风险之中，采用现场调查、经验分析、数值模拟实验、工程类比等各种方法，可以客观预测本工程施工对既有地下结构的影响程度及可能带来的危害，评估其安全性风险，对保障既有地下结构和隧道施工的安全，具有重要意义。

1.3 评估内容

本书内容以轨道交通工程穿越加油站引起的安全性影响评估问题为主线，主要内容包括：

1. 轨道交通施工引起的加油站结构及埋地油罐受力变形安全性影响分析及评估

通过现场调研、测试以及对盾构施工过程的模拟，分析施工过程中产生的加油站区域沉降、分析沉降对加油站结构及埋地油罐受力和变形产生的影响，结合相关规范对加油站结构的安全性进行评估。

2. 轨道交通施工及列车运行引起的加油站结构振动安全性影响分析及评估

通过现场调研、类比测试、轨道交通施工过程和运营阶段的模拟，分析轨道交通施工过程、列车运营引起的加油站结构振动，结合相关规范对加油站结构振动的安全性进行评估。

3. 埋地油库爆炸对轨道交通结构及行车安全影响分析及评估

通过现场调研、测试以及对埋地油库爆炸的模拟，分析埋地油库爆炸对隧道结构破坏产生的影响，分析埋地油库爆炸对行车安全产生的影响，结合相关规范对隧道结构及行车安全进行评估。

基于以上研究内容，主要解决如下问题：

1. 对加油站结构受力变形进行预测，结合相关规范对加油站区域变形进行安全评估；

2. 预测新机场线施工及列车试运营引起的振动水平，对加油站区域设计及结构疲劳和变形的安全性进行分析评估；

3. 结合相关规范，对埋地油库爆炸引起的地铁基础设施结构破坏进行分析，对地铁隧道结构强度以及列车运行安全性等进行量化评估；

4. 确定施工过程及试运营阶段加油站区变形及振动的敏感区域，提出穿越加油站工程应注意防范的安全风险及应对措施建议。

1.4 评估思路和方法

本书通过收集、整理和分析各种地质、设计和现状调查资料，运用定性、定量分析，综合运用工程类比测试、理论仿真分析等多种手段，对城市轨道交通施工及试运营阶段引起的加油站区域沉降及结构变形、加油站结构振动、埋地油罐爆炸对城市轨道交通运营安全的影响等重要问题进行预测及分析，结合我国现行评价标准对上述问题进行安全性影响评估。研究成果直接服务于城市轨道交通线路的穿越工程，为线路的施工提供理论依据，并指导全施工过程，保障城市轨道交通线路与加油站结构安全使用。项目研究整体思路如图1-1所示。

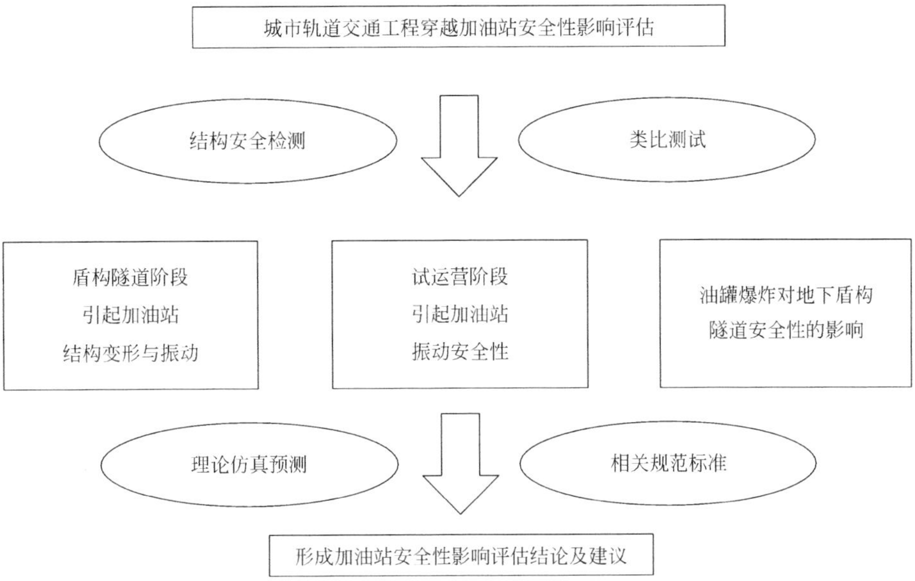

图 1-1　项目研究整体思路

2 评估依据

2.1 设计资料文件

1. 城市轨道交通工程区间详细勘察报告；
2. 城市轨道交通线路设计资料；
3. 加油站相关设计及改造图纸资料。

2.2 相关评价标准及规范

根据本书评估内容，主要从我国现行相关施工及验收规范、规则、质量技术标准，北京地区在安全文明施工、轨道交通、环境保护等方面的规定，加油站安全管理的相关行业规范、管理规定，建设工程施工现场安全防护、场容卫生、环境保护及保卫消防标准以及北京市、业主有关工程建设施工管理行业规定、管理办法和实施细则等方面搜集整理了相关规范及标准等，具体如下。

1. 《混凝土结构设计规范》（GB 50010—2010）（2015 年版）；
2. 《地铁工程监控量测技术规程》（DB11/490—2007）；
3. 《地铁设计规范》（GB 50157—2013）；
4. 《地铁限界标准》（CJJ/T 96—2018）；
5. 《地下铁道工程施工质量验收标准》（GB/T 50299—2018）；
6. 《城市轨道交通工程测量规范》（GB/T 50308—2017）；
7. 《铁路隧道设计规范》（TB 10003—2016）；
8. 《铁路工程设计防火规范》（TB 10063—2016）；
9. 《铁路工程抗震设计规范》（GB 50111—2006）（2009 年版）；
10. 《市政基础设施工程质量检验与验收标准》（DB11/1070—2014）；
11. 《城市轨道交通工程项目建设标准》（建标 104—2008）；
12. 《城市轨道交通运营管理规范》（GB/T 30012—2013）；
13. 《城市轨道交通结构安全保护技术规范》（CJJ/T 202—2013）；
14. 《城市轨道交通工程监测技术规范》（GB 50911—2013）；
15. 《城市轨道交通土建工程设计安全风险评估规范》（DB11/1067—2014）；
16. 《穿越既有道路设施工程技术要求》（DB11/T 716—2019）；
17. 《城市轨道交通地下工程建设风险管理规范》（GB 50652—2011）；
18. 《汽车加油加气加氢站技术标准》（GB 50156—2021）；
19. 《加油站作业安全规范》（AQ 3010—2022）；
20. 《建筑施工安全检查标准》（JGJ 59—2011）；

21. 《建筑设计防火规范》(GB 50016—2014)(2018 年版);
22. 《建筑结构荷载规范》(GB 50009—2012);
23. 《铁路桥涵设计规范》(TB 10002—2017);
24. 《北京市轨道交通工程建设施工安全风险监控指南》(2008 年版);
25. 《爆破安全规程》(GB 6722—2014)。

2.3 本项目评价指标的选取

根据上一节相关内容,依照相关规范及标准中给定的评价方法、评价指标及相关规范限值,本项目主要选取如下评价指标:

2.3.1 加油站区域结构沉降及变形评价指标

盾构推进过程中,当地层变形超过一定限度时,将严重危及邻近建筑物、构筑物的安全和正常使用。需要对隧道施工所引起的加油站附近的地表沉降进行研究,分析盾构到达建筑物前后建筑物的沉降值是否超标。对新机场线隧道盾构施工过程引起的地表沉降问题,可以采用《盾构隧道工程设计标准》(GB/T 51438—2021)等规范中规定的地表沉降累计值、地基变形允许值进行评价。

1. 地表沉降累计值

《盾构隧道工程设计标准》(GB/T 51438—2021)中规定,盾构隧道工程的监测范围不应小于隧道正上方隧道轴线两侧地表沉降曲线边缘 2.5 倍地表沉降曲线 Peck 公式中的沉降槽宽度系数处之间的距离。根据监测部位、开挖面距监测断面的距离,确定周围岩土体的监测频率。该标准中规定地面沉降累计值的监测控制值为 10~40mm,变化速率的监测控制值为 3~5mm/d。

2. 地基变形允许值

《建筑地基基础设计规范》(GB 50007—2011)中规定,地基变形允许值应根据上部结构对地基变形的适应能力和使用上的要求确定,宜按表 2-1 中的规定采用。

GB 50007—2011 中规定的地基变形允许值 表 2-1

变形特征		地基土类别	
		中、低压缩性土	高压缩性土
砌体承重结构基础的局部倾斜		0.002	0.003
工业与民用建筑相邻柱基的沉降差	(1)框架结构	$0.002l$	$0.003l$
	(2)砌体墙填充的边排柱	$0.0007l$	$0.001l$
	(3)当基础不均匀沉降时不产生附加应力的结构	$0.005l$	$0.005l$
单层排架结构(柱距为 6m)柱基的沉降量(mm)		(120)	200

注:有括号者仅适用于中压缩性土。

2.3.2 城市轨道交通施工及试运营引起的加油站结构振动评价指标

对于汽车加油站结构,一般主要参考我国现行《汽车加油加气加氢站技术标准》(GB 50156—2021)。在该标准的制定过程中广泛征求了有关设计、施工、科研和管理等方面的意见,结合国内已有的行业标准和国外发达国家的相关标准,总结并形成了适用于我国汽车加油加气加氢站的设计、施工、建设、运营和管理等方面的相关技术标准。但由于标准制定时尚未对地铁隧道施工及试运营等振动源引起的结构振动等提出具体振动安全性评估方法及限值,所以本项目在分析新机场线隧道盾构施工过程以及运营过程中引起的加油站结构振动问题时,主要参考了《建筑工程容许振动标准》(GB 50868—2013)、ISO 规定的 VC 标准等相关规范对加油站的结构振动安全性进行评估。

1. 振动速度峰值

根据《建筑工程容许振动标准》(GB 50868—2013)中交通振动对建筑结构影响的规定,评价指标为振动速度峰值。评价的频率范围应为 1~100Hz。评价位置和参数应选取建筑物顶层楼面中心位置处水平向两个主轴方向的振动速度峰值及其对应的频率以及建筑物基础处竖向和水平向两个主轴方向的振动速度峰值及其对应的频率。

交通振动对建筑结构影响在时域范围内的容许振动值,宜按表 2-2 中的规定采用。

GB 50868—2013 中规定的振动速度峰值　　　　表 2-2

建筑物类型	顶层楼面处容许振动速度峰值(mm/s)	基础处处容许振动速度峰值(mm/s)		
	1~100Hz	1~10Hz	50Hz	100Hz
工业建筑、公共建筑	10.0	5.0	10.0	12.5
居住建筑	5.0	2.0	5.0	7.0
对振动敏感、具有保护价值、不能划归上述两类的建筑	2.5	1.0	2.5	3.0

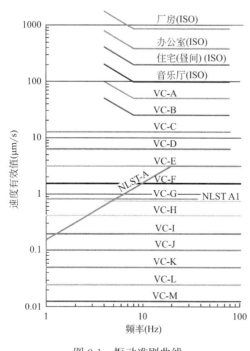

图 2-1　振动准则曲线

2. VC 标准

该标准采用一组 1/3 倍频程速度谱(one-third octave band velocity spectra),以及国际标准组织(ISO)关于振动对建筑物中人的影响判断准则,适用于在垂直和两个水平方向上测量的振动。振动准则标准的形式是一组 1/3 倍频程的速度谱,标记为振动准则曲线 VC-A 到 VC-G(图 2-1、表 2-3)。振动以其均方根(rms)速度来表示。

3. Z 振级

《城市区域环境振动标准》(GB 10070—1988)和《城市区域环境振动测量方法》(GB 10071—1988)中规定,为评价城市区域环境振动水平,测量量为铅垂向 Z 振级,采用的时间计权常数为 1s,采用的频率计权范围为 1~80Hz。

振动准则曲线说明　　　　　　　　　　　　　　　　表 2-3

准则名称	描述	幅值（μm/s）	细节尺寸（μm）
厂房	有明显可被察觉的振动，适用于工厂和非敏感区域	800	—
办公室	有可被察觉的振动，适用于办公场所和非敏感区域	400	—
住宅	很少能被察觉的振动，适合于半导体探针测试设备、计算机和放大率小于40倍的显微镜	200	75
VC-A	放大率小于400倍的显微镜，天平和投影准直设备	50	8
VC-B	检测和光刻设备（可达3μm线宽）	25	3
VC-C	放大率小于1000倍的显微镜，光刻和检测设备（包括中等精度的电子显微镜），TFT-LCD扫描工艺场合	12.5	1～3
VC-D	适用于大多数高要求的场合，包括电子显微镜（SEMs和TEMs）和电子束系统	6.25	0.1～0.3
VC-E	非常难达到的标准，足以满足最苛刻的敏感性系统的要求，包括激光小目标系统、纳米尺度的电子束光刻系统，还有一些超常规动态稳定性要求的系统	3.12	<0.1

根据规范 GB 10070—1988 的要求采用 1s 计权，振动响应信号可依次分为若干段，对每段时程信号进行 1/3 倍频程分析得到各个中心频率对应的分频振级，根据式（2-1）计算可得该时段的 Z 振级，依次计算可得 Z 振级随时间的变化过程。

$$VL_Z = 10\log\left(\sum 10^{(VL_i+a_i)/10}\right) \quad (2\text{-}1)$$

式中：VL_Z——铅垂向 Z 计权振级，简称 Z 振级（dB）；

VL_i——每个频带的振动加速度级（dB）；

a_i——各个频带的计权因子（dB），具体数值参见参考 ISO2631/1—1985，如表 2-4 所示。

ISO2631/1—1985 规定的 Z 振级的计权因子　　　　表 2-4

1/3 倍频程中心频率(Hz)	1	1.25	1.6	2	2.5	3.15	4	5	6.3	8
计权因子（dB）	−6	−5	−4	−3	−2	−1	0	0	0	0
1/3 倍频程中心频率(Hz)	10	12.5	16	20	25	31.5	40	50	63	80
计权因子（dB）	−2	−4	−6	−8	−10	−12	−14	−16	−18	−20

对于振动评价采用表 2-5 中交通干线道路两侧作为本项目的评价标准。

GB 10070—1988 规定的环境振动标准限值　　　　表 2-5

振动环境功能区类别	昼间(dB)	夜间(dB)
特殊住宅区	65	65
居民、文教区	70	67
混合区、商业中心区	75	72
工业集中区	75	72
交通干线道路两侧	75	72
铁路干线两侧	80	80

4. 分频最大振极

《城市轨道交通引起建筑物振动与二次辐射噪声限值及其测量方法标准》(JGJ/T 170—2009) 指出采用分频最大振级作为轨道交通环境振动评价量。对数据做 1/3 倍频程分析，然后按 JGJ/T 170—2009 中规定的 Z 计权因子进行修正，频率计权范围为 4~200Hz，得到各 1/3 倍频程中心频率的振动加速度级，称之为分频振级（或振级）。分频振级在 1/3 倍频程中心频率上的最大振级量值，即为分频最大振级：

$$VL_{\max} = \max_{i=1 \to n}(VL_i + \alpha_i) \tag{2-2}$$

式中：VL_i——中心频率 f_i 频带处加速度振级（dB）；

α_i——各个频带的计权因子（dB），具体数值参考 ISO2631/1—1997，如表 2-6 所示；

$VL_{\max}$——分频最大振级（dB），其限值见表 2-7。

ISO2631/1—1997 规定的 Z 振级的计权因子   表 2-6

1/3 倍频程中心频率(Hz)	4	5	6.3	8	10	12.5	16	20	25
计权因子(dB)	−6	−5	−4	−3	−2	−1	0	0	0
1/3 倍频程中心频率(Hz)	31.5	40	50	63	80	100	125	160	200
计权因子(dB)	−2	−4	−6	−8	−10	−12	−14	−16	−18

JGJ/T 170—2009 规定的建筑室内振动限值   表 2-7

区域类别	适用范围	昼间(dB)	夜间(dB)
0 类	特殊住宅区	65	62
1 类	居民、文教区	65	62
2 类	居住、商业混合区，商业中心区	70	67
3 类	工业集中区	75	72
4 类	交通干线两侧	75	72

注：昼夜时间划分，昼间 06:00~22:00；夜间 22:00~06:00；昼夜时间适用范围在当地另有规定时，可按当地的规定来划分。

5. 质点振动速度

《爆破安全规程》(GB 6722—2014) 指出采用保护对象所在地基础质点峰值振动速度和主振频率评估爆破对不同类型建（构）筑物、设施和其他保护对象的振动影响。安全允许标准如表 2-8 所示。

爆破振动安全允许标准   表 2-8

序号	保护对象类别	安全允许质点振动速度 v(cm/s)		
		$f \leqslant 10\text{Hz}$	$10\text{Hz} < f \leqslant 50\text{Hz}$	$f > 50\text{Hz}$
1	土窑洞、土坯房、毛石房屋	0.15~0.45	0.45~0.9	0.9~1.5
2	一般民用建筑物	1.5~2.0	2.0~2.5	2.5~3.0
3	工业和商业建筑物	2.5~3.5	3.5~4.5	4.2~5.0
4	一般古建筑与古迹	0.1~0.2	0.2~0.3	0.3~0.5
5	运行中的水电站及发电厂中心控制室设备	0.5~0.6	0.6~0.7	0.7~0.9

续表

序号	保护对象类别		安全允许质点振动速度 v(cm/s)		
			$f \leqslant 10$Hz	10Hz$<f \leqslant 50$Hz	$f>50$Hz
6	水工隧洞		7.0~8.0	8.0~10.0	10.0~15.0
7	交通隧道		10.0~12.0	12.0~15.0	15.0~20.0
8	矿山巷道		15.0~18.0	18.0~25.0	20.0~30.0
9	永久性岩石高边坡		5.0~9.0	8.0~12.0	10.0~15.0
10	新浇大体积混凝土C20	龄期:初凝~3d	1.5~2.0	2.0~2.5	2.5~3.0
		龄期:3~7d	3.0~4.0	4.0~5.0	5.0~7.0
		龄期:7~28d	7.0~8.0	8.0~10.0	10.0~12.0

注:1. 表中质点振动速度为三分量中的最大值;振动频率为主振频率。
2. 频率范围根据现场实测波形确定或按如下数据选取:硐室爆破 $f<20$Hz;露天深孔爆破 $f=10$~60Hz;露天浅孔爆破 $f=40$~100Hz;地下深孔爆破 $f=30$~100Hz;地下浅孔爆破 $f=60$~300Hz。
3. 爆破振动监测应同时测定质点振动相互垂直的三个分量。

对于隧道施工及列车运营对常压容器油罐产生的影响可以通过钢板应力来评价,可以采用《常压容器 第1部分:钢制焊接常压容器》(NB/T 47003.1—2022)中的许用应力指标进行评价。

6. 钢材许用应力

钢材许用应力限值见表2-9。

钢材许用应力限值表　　　　　　　　　　　表2-9

材料	许用应力(MPa) 取下列各值中的最小值		
碳素钢、低合金钢、铁素体高合金钢	$\dfrac{R_m}{2.4}$	$\dfrac{R_{eL}}{1.5}$	$\dfrac{R'_{eL}}{1.5}$
奥氏体高合金钢	$\dfrac{R_{eL}}{1.5}$	$\dfrac{R'_{eL}}{1.5}$	

注:R_m——钢材标准抗拉强度下限值(MPa);
R_{eL}——钢材标准常温屈服强度(MPa);
R'_{eL}——钢材在设计温度下的屈服强度(MPa)。

7. 许用轴向压缩应力

圆筒或管子的许用轴向压缩应力取下列两者中的较小值:
1) 设计温度下的材料许用应力;
2) 按下列步骤求取的 B 值:
(1) 计算 A 值:

$$A = \frac{0.094\delta_e}{R_o} \tag{2-3}$$

式中:A——系数;
δ_e——圆筒或管子的有效厚度(mm);
R_o——圆筒或管子的外半径(mm)。

(2) 根据所选材料设计温度及 A 值按《压力容器 第1部分:通用要求》(GB/T 150.1—

2011）查取 B 值（中间温度用内插法）。

若 A 值落在设计温度下材料线的左方，则计算 B 值。

$$B = \frac{2}{3}AE^t \tag{2-4}$$

式中：B——许用轴向压缩应力（MPa）；

E^t——设计温度下材料的弹性模量（MPa）。

对于隧道施工及列车运营引起的加油站结构混凝土强度影响，应按现行国家标准《混凝土强度检验评定标准》（GB/T 50107）的规定分批检验评定。

当用于评定的样本容量小于 10 组时，应采用非统计方法评定混凝土强度。按非统计方法评定混凝土强度时，其强度应同时符合下列规定：

$$\begin{aligned} m_{f_{cu}} &\geqslant \lambda_3 \cdot f_{cu,k} \\ f_{cu,min} &\geqslant \lambda_4 \cdot f_{cu,k} \end{aligned} \tag{2-5}$$

式中：λ_3、λ_4——合格评定系数，应按表 2-10 取用。

混凝土强度的非统计方法合格评定系数　　　　表 2-10

混凝土强度等级	<C60	≥C60
λ_3	1.15	1.10
λ_4	0.95	

对于隧道施工及列车运营引起的加油站现浇结构位置和尺寸偏差问题，可通过《混凝土结构工程施工质量验收规范》（GB 50204—2015）中的允许偏差值进行评价，如表 2-11 所示。

GB 50204—2015 中规定的允许偏差值　　　　表 2-11

项目		允许偏差(mm)
轴线位置	整体基础	15
	独立基础	10
	柱、墙、梁	8
垂直度	柱、墙层高≤5m	8
	柱、墙层高>5m	10
	全高(H)	—
截面尺寸		+8，−5
电梯井	中心位置	10
	长、宽尺寸	+25，0
	全高(H)垂直度	$H/1000$ 且≤30
表面平整度		8
预埋件中心位置	预埋板	10
	预埋螺栓	5
	预埋管	5
	其他	10
预留洞、孔中心线位置		15

注：检查轴线、中心线位置时，应沿纵、横两个方向测量，并取其中偏差的较大值。

2.3.3 加油站油库爆炸引起邻近结构安全评价标准

根据《爆破安全规程》(GB 6722—2014)规定，地面建筑物、电站（厂）中心控制室设备、隧道与巷道、岩石高边坡和新浇大体积混凝土的爆破振动判据，采用保护对象所在地基础质点峰值振动速度和主振频率。安全允许标准如表 2-8 所示。

3 城市轨道交通穿越加油站模型建立

3.1 施工步骤模拟原则及过程

1. 施工步骤模拟原则

在模拟盾构隧道的开挖步骤时可以认为,盾构机每次施作一个循环可分为若干个施工步。施工步是指一个相对完整的施工阶段,而每一个施工步又包含若干个增量步,该施工步产生的开挖释放荷载在所包含的增量步中逐步地释放。

2. 盾构隧道开挖模拟过程

在进行隧道开挖模拟之前,需要对土体的初始地应力进行平衡,以消除土体的初始位移,经过平衡可使得土体初始位移趋近于0,使得模型更加符合实际。

盾构法隧道开挖一个循环可以分为两个部分:盾构机向前推进土体开挖和盾尾衬砌安装。基本上包括如下多个步骤:盾构正面土体的开挖、外层管片的安装和拼接、盾构机的向前推进、管片外的灌浆处理等。

依据盾构隧道的实际开挖顺序图,确定盾构机推进步长,依靠 ANSYS 中生死单元实现隧道开挖过程的模拟(图 3-1、图 3-2)。模拟开挖过程时,设置不同的施工步模拟盾构机向前推进过程。对于每一施工步,选择杀死衬砌单元,得到初始应力场;杀死开挖区域土体组件,释放节点力实现正面土体开挖的模拟;激活对应衬砌管片组件,实现管片安装的模拟,释放剩余的全部节点力。

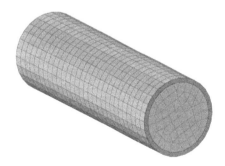

图 3-1 隧道开挖前

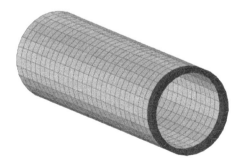

图 3-2 隧道开挖后

3.2 系统动力学模型的建立及验证

针对地铁施工及试运营引起的加油站结构振动问题,本节主要通过有限元法、多体动力学方法及轮轨相互作用理论等,研究建立(列车-轨道/盾构机施工作业)-隧道-土体-加油站空间耦合动力学分析模型。该系统动力学模型主要包括振源模型、土体-人工边界模型以及加油站模型三部分。

3.2.1 振源模型

振源模型主要分为列车运行条件下,列车-轨道形成的轮轨系统激振模型以及盾构机掘进引起的地层扰动激振模型。

3.2.1.1 轮轨系统激振模型

该模型中,主要包括列车子模型、轨道子模型两部分,以轮轨关系作为纽带,通过引入轮轨间的随机不平顺作为激振源,通过求解列车前进过程中各位置下的系统动力学平衡方程,从而对整个列车运行过程中引起的各结构振动进行分析。

1. 列车子模型

根据地铁车辆结构特点,一个较为完善的车辆三维动力学模型应考虑一个车体、两个转向架及四个轮对共计七个结构部件的空间受力。模型如图3-3、表3-1所示。

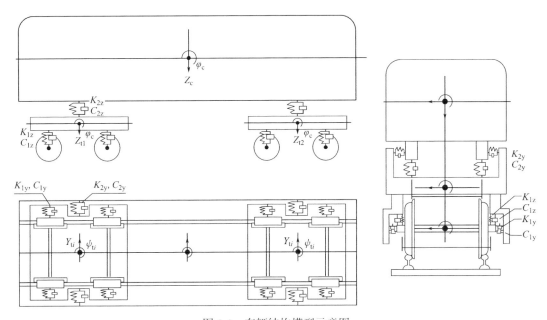

图3-3 车辆结构模型示意图

车辆结构模型的自由度　　　　表3-1

名称	沉浮	横移	侧滚	点头	摇头
车体	Z_c	Y_c	θ_c	φ_c	ψ_c
转向架	Z_{t1}	Y_{t1}	θ_{t1}	φ_{t1}	ψ_{t1}
	Z_{t2}	Y_{t2}	θ_{t2}	φ_{t2}	ψ_{t2}
轮对	Z_{w1}	Y_{w1}	θ_{w1}	—	ψ_{w1}
	Z_{w2}	Y_{w2}	θ_{w2}	—	ψ_{w2}
	Z_{w3}	Y_{w3}	θ_{w3}	—	ψ_{w3}
	Z_{w4}	Y_{w4}	θ_{w4}	—	ψ_{w4}

系统的空间坐标系（图3-4）定义如下：车辆运行方向为 x 轴方向，以车辆前进方向为正；绕 x 轴转动方向为侧滚自由度方向，以绕 x 轴顺时针方向旋转为正；车辆运行平面内与 x 轴垂直方向为 y 轴方向，以车辆行进方向向右为正；绕 y 轴转动方向为点头自由度方向，以绕 y 轴顺时针方向旋转为正；与车辆运行平面垂直的方向为 z 方向，以向下为正；绕 z 轴转动方向为摇头自由度方向，以绕 z 轴顺时针方向旋转为正。表3-2 中给出了车辆模型各物理量的符号及对应物理意义。

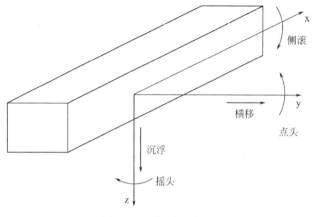

图 3-4 坐标系的定义

常见符号及意义　　　　　　　　　　　　表 3-2

符号	单位	符号意义
M_c, M_t, M_w	kg	车体质量，转向架质量，轮对质量
I_{cx}, I_{cy}, I_{cz}	kg·m²	车体的侧滚惯量，点头惯量，摇头惯量
I_{tx}, I_{ty}, I_{tz}	kg·m²	转向架的侧滚惯量，点头惯量，摇头惯量
I_{wx}, I_{wy}, I_{wz}	kg·m²	轮对的侧滚惯量，点头惯量，摇头惯量
K_{1x}, K_{1y}, K_{1z}	N/m	轴箱纵向刚度，横向刚度，垂向刚度
C_{1x}, C_{1y}, C_{1z}	N·s/m	轴箱纵向阻尼，横向阻尼，垂向阻尼
K_{2x}, K_{2y}, K_{2z}	N/m	中央弹簧纵向刚度，横向刚度，垂向刚度
C_{2x}, C_{2y}, C_{2z}	N·s/m	中央弹簧纵向阻尼，横向阻尼，垂向阻尼
d_1, d_2	m	一系悬挂横向间距之半，二系悬挂横向间距之半
$K_{1\psi}, K_{1\theta}$	N/m	轮对摇头刚度，侧滚刚度
$C_{1\psi}, C_{1\theta}$	N·s/m	轮对摇头阻尼，侧滚阻尼
$K_{2\psi}, K_{2\theta}$	N/m	转向架摇头刚度，侧滚刚度
$C_{2\psi}, C_{2\theta}$	N·s/m	转向架摇头阻尼，侧滚阻尼
K_{rx}	N/m	抗侧滚刚度
l_c, l_t	m	定距之半，轴距之半
a_0	m	滚动圆横向间距之半
r_{li}, r_{ri}	m	第 i 个轮对左轮，右轮滚动圆半径
R_c, R_{ti}, R_{wi}	m	车体，第 i 个转向架，第 i 个轮对重心位置处的曲线半径
h_{cb}	m	车体重心到二系悬挂的距离

续表

符号	单位	符号意义
h_{bt}	m	二系悬挂到转向架重心的距离
h_{tw}	m	转向架重心到轮对重心的距离
N_{lxi}, N_{rxi}	N	第 i 个轮对左、右轮所受法向力在 x 方向上的分量
N_{lyi}, N_{ryi}	N	第 i 个轮对左、右轮所受法向力在 y 方向上的分量
N_{lzi}, N_{rzi}	N	第 i 个轮对左、右轮所受法向力在 z 方向上的分量
F_{lxi}, F_{rxi}	N	第 i 个轮对左、右轮所受蠕滑力在 x 方向上的分量
F_{lyi}, F_{ryi}	N	第 i 个轮对左、右轮所受蠕滑力在 y 方向上的分量
F_{lzi}, F_{rzi}	N	第 i 个轮对左、右轮所受蠕滑力在 z 方向上的分量
M_{lzi}, M_{rzi}	N·m	第 i 个轮对左、右轮所受绕 z 轴的蠕滑力矩
M_{ri}	N·m	抗侧滚力矩

本书根据 Hamilton 原理建立车辆结构的动力学方程，其中车辆子模型的总动能、总势能和阻尼耗散的能量如下：

1) 车辆系统的总动能

$$T = \frac{1}{2}[M_c(\dot{Z}_c^2 + \dot{Y}_c^2) + I_{cx}\varphi_c^2 + I_{cy}\theta_c^2 + I_{cz}\psi_c^2]$$
$$+ \frac{1}{2}\sum_{i=1}^{2}[M_t(\dot{Z}_{ti}^2 + \dot{Y}_{ti}^2) + I_{tx}\varphi_{ti}^2 + I_{ty}\theta_{ti}^2 + I_{tz}\psi_{ti}^2] \quad (3-1)$$
$$+ \frac{1}{2}\sum_{i=1}^{4}[M_w(\dot{Z}_{wi}^2 + \dot{Y}_{wi}^2) + I_{wy}\theta_{wi}^2 + I_{wz}\psi_{wi}^2]$$

2) 车辆系统的总势能

$$V = \frac{1}{2}K_{1x}\sum_{i=1}^{4}\sum_{j=1}^{2}\left[(-1)^{j+1}d_1\psi_{tn} + h_{tw}\theta_{tn} + (-1)^j d_1\psi_{wi} + (-1)^{i+j-1}d_1\left(\frac{l_t}{R_{tn}}\right)\right]^2$$
$$+ \frac{1}{2}K_{1y}\sum_{i=1}^{4}\sum_{j=1}^{2}\left[Y_{wi} - Y_{tn} + h_{tw}\theta_{tn} + (-1)^i l_t \psi_{tn} + \frac{l_t^2}{2R_{tn}}\right]^2$$
$$+ \frac{1}{2}K_{1z}\sum_{i=1}^{4}\sum_{j=1}^{2}[Z_{tn} - Z_{wi} + (-1)^i l_t \psi_{tn} + (-1)^{j+1}d_1\theta_{wi} + (-1)^j d_1\theta_{tn}]^2$$
$$+ \frac{1}{2}K_{2x}\sum_{i=1}^{2}\sum_{j=1}^{2}\left[h_{cb}\theta_c + h_{bt}\theta_{ti} + (-1)^{j+1}d_2\psi_c + (-1)^j d_2\psi_{ti} + (-1)^{i+j-1}d_2\left(\frac{l_c}{R_c}\right)\right]^2$$
$$+ \frac{1}{2}K_{2y}\sum_{i=1}^{2}\sum_{j=1}^{2}\left[Y_{ti} - Y + h_{bt}\theta_{ti} + h_{cb}\theta_c + (-1)^i l_c \psi_c + \frac{l_c^2}{2R_c}\right]^2$$
$$+ \frac{1}{2}K_{2z}\sum_{i=1}^{2}\sum_{j=1}^{2}[Z_c - Z_{ti} + (-1)^{j+1}d_2\theta_{ti} + (-1)^j d_2\theta_c + (-1)^i l_c\varphi_c]^2$$
$$+ \frac{1}{2}K_{rx}\sum_{i=1}^{2}(\theta_c - \theta_{ti})^2$$

（当 $i=1$，2 时，$n=1$；当 $i=3$，4 时，$n=2$） (3-2)

3) 车辆阻尼耗散的能量

$$\begin{aligned}W = &\frac{1}{2}C_{1x}\sum_{i=1}^{4}\sum_{j=1}^{2}\left[(-1)^{j+1}d_1\dot{\psi}_{tn}+h_{tw}\dot{\theta}_{tn}+(-1)^j d_1\dot{\psi}_{wi}+(-1)^{i+j-1}d_1\frac{\mathrm{d}}{\mathrm{d}t}\left(\frac{l_t}{R_{tn}}\right)\right]^2 \\ &+\frac{1}{2}C_{1y}\sum_{i=1}^{4}\sum_{j=1}^{2}\left[\dot{Y}_{wi}-\dot{Y}_{tn}+h_{tw}\dot{\theta}_{tn}+(-1)^i l_t\dot{\psi}_{tn}+\frac{\mathrm{d}}{\mathrm{d}t}\left(\frac{l_t^2}{2R_{tn}}\right)\right]^2 \\ &+\frac{1}{2}C_{1z}\sum_{i=1}^{4}\sum_{j=1}^{2}[\dot{Z}_{tn}-\dot{Z}_{wi}+(-1)^i l_t\dot{\psi}_{tn}+(-1)^{j+1}d_1\dot{\theta}_{wi}+(-1)^j d_1\dot{\theta}_{tn}]^2 \\ &+\frac{1}{2}C_{2x}\sum_{i=1}^{2}\sum_{j=1}^{2}\left[h_{cb}\dot{\theta}_c+h_{bt}\dot{\theta}_{ti}+(-1)^{j+1}d_2\dot{\psi}_c+(-1)^j d_2\dot{\psi}_{ti}+(-1)^{i+j-1}d_2\frac{\mathrm{d}}{\mathrm{d}t}\left(\frac{l_c}{R_c}\right)\right]^2 \\ &+\frac{1}{2}C_{2y}\sum_{i=1}^{2}\sum_{j=1}^{2}\left[\dot{Y}_{ti}-\dot{Y}+h_{bt}\dot{\theta}_{ti}+h_{cb}\dot{\theta}_c+(-1)^i l_c\dot{\psi}_c+\frac{\mathrm{d}}{\mathrm{d}t}\left(\frac{l_c^2}{2R_c}\right)\right]^2 \\ &+\frac{1}{2}C_{2z}\sum_{i=1}^{2}\sum_{j=1}^{2}[\dot{Z}_c-\dot{Z}_{ti}+(-1)^{j+1}d_2\dot{\theta}_{ti}+(-1)^j d_2\dot{\theta}_c+(-1)^i l_c\dot{\varphi}_c]^2 \\ &+\frac{1}{2}C_{rx}\sum_{i=1}^{2}(\dot{\theta}_c-\dot{\theta}_{ti})^2\end{aligned}$$

(当 $i=1,2$ 时, $n=1$; 当 $i=3,4$ 时, $n=2$) (3-3)

将上面求得的各项能量表达式带入 Hamilton 运动方程,并以车辆各自由度分别代替 q_i,据此得到车辆系统中各部件的动力学方程如下:

1) 车体的沉浮运动

$$M_c\ddot{z}_c+2K_{2z}z_c-K_{2z}z_{t1}-K_{2z}z_{t2}+2C_{2z}\dot{z}_c-C_{2z}\dot{z}_{t1}-C_{2z}\dot{z}_{t2}=M_c g \quad (3\text{-}4)$$

2) 车体的横移运动

$$\begin{aligned}&M_c\ddot{y}_c+K_{2y}(2y_c-y_{t1}-y_{t2}-2h_{cb}\theta_c-h_{bt}\theta_{t1}-h_{bt}\theta_{t2})\\ &+C_{2y}(2\dot{y}_c-\dot{y}_{t1}-\dot{y}_{t2}-2h_{cb}\dot{\theta}_c-h_{bt}\dot{\theta}_{t1}-h_{bt}\dot{\theta}_{t2})=0\end{aligned} \quad (3\text{-}5)$$

3) 车体的侧滚运动

$$\begin{aligned}&I_{cx}\ddot{\theta}_c-2K_{2y}h_{cb}y_c+2(K_{2\theta}+K_{2y}h_{cb}^2+K_{rx})\theta_c+K_{2y}h_{cb}y_{t1}+K_{2y}h_{cb}y_{t2}\\ &+(K_{2y}h_{cb}h_{bt}-K_{2\theta}-K_{rx})\theta_{t1}+(K_{2y}h_{cb}h_{bt}-K_{2\theta}-K_{rx})\theta_{t2}\\ &-2C_{2y}h_{cb}\dot{y}_c+2(C_{2\theta}+C_{2y}h_{cb})\dot{\theta}_c+C_{2y}h_{cb}\dot{y}_{t1}+C_{2y}h_{cb}\dot{y}_{t2}\\ &+(C_{2y}h_{cb}h_{bt}-C_{2\theta})\dot{\theta}_{t1}+(C_{2y}h_{cb}h_{bt}-C_{2\theta})\dot{\theta}_{t2}=0\end{aligned} \quad (3\text{-}6)$$

4) 车体的点头运动

$$\begin{aligned}&I_{cy}\ddot{\varphi}_c+2(K_{2z}l_c^2+K_{2x}h_{cb}^2)\varphi_c-K_{2z}l_c z_{t1}+K_{2z}l_c z_{t2}+K_{2x}h_{cb}h_{bt}\varphi_{t1}+K_{2x}h_{cb}h_{bt}\varphi_{t2}\\ &+2(C_{2z}+C_{2x}h_{cb}^2)l_c^2\dot{\varphi}_c-C_{2z}l_c\dot{z}_{t1}+C_{2z}l_c\dot{z}_{t2}+K_{2x}h_{cb}h_{bt}\dot{\varphi}_{t1}+K_{2x}h_{cb}h_{bt}\dot{\varphi}_{t2}=0\end{aligned}$$

(3-7)

5) 车体的摇头运动

$$\begin{aligned}&I_{cz}\ddot{\psi}_c+2(K_{2\psi}+K_{2y}l_c^2)\psi_c-K_{2y}l_c y_{t1}+K_{2y}l_c y_{t2}\\ &-K_{2y}l_c h_{bt}\theta_{t1}+K_{2y}l_c h_2\theta_{t2}-K_{2\psi}\psi_{t1}-K_{2\psi}\psi_{t2}\\ &+2(C_{2\psi}+C_{2y}l_c^2)\dot{\psi}_c-C_{2y}l_c\dot{y}_{t1}+C_{2y}l_c\dot{y}_{t2}\\ &-C_{2y}l_c h_{bt}\dot{\theta}_{t1}+C_{2y}l_c h_2\dot{\theta}_{t2}-C_{2\psi}\dot{\psi}_{t1}-C_{2\psi}\dot{\psi}_{t2}=0\end{aligned} \quad (3\text{-}8)$$

6）第1位转向架的沉浮运动

$$M_t \ddot{z}_{t1} - K_{2z} z_c - K_{2z} l_c \varphi_c + (K_{2z} + 2K_{1z}) z_{t1} - K_{1z} z_{w1} - K_{1z} z_{w2}$$
$$- C_{2z} \dot{z}_c - C_{2z} l_c \dot{\varphi}_c + (C_{2z} + 2C_{1z}) \dot{z}_{t1} - C_{1z} \dot{z}_{w1} - C_{1z} \dot{z}_{w2} = M_t g \quad (3\text{-}9)$$

7）第1位转向架的横移运动

$$M_t \ddot{y}_{t1} + (K_{2y} + 2K_{1y}) y_{t1} + (K_{2y} h_{bt} - 2K_{1y} h_{tw}) \theta_{t1}$$
$$- K_{2y} y_c - K_{2y} l_c \psi_c + K_{2y} h_{cb} \theta_c - K_{1y} y_{w1} - K_{1y} y_{w2}$$
$$+ (C_{2y} + 2C_{1y}) \dot{y}_{t1} + (C_{2y} h_{bt} - 2C_{1y} h_{tw}) \dot{\theta}_{t1}$$
$$- C_{2y} \dot{y}_c - C_{2y} l_c \dot{\psi}_c + C_{2y} h_{cb} \dot{\theta}_c - C_{1y} \dot{y}_{w1} - C_{1y} \dot{y}_{w2} = 0 \quad (3\text{-}10)$$

8）第1位转向架的侧滚运动

$$I_{tx} \ddot{\theta}_{t1} - K_{2y} h_{bt} y_c + (K_{2y} h_{cb} h_{bt} - K_{2\theta} - K_{rx}) \theta_c - K_{2y} h_{bt} l_c \psi_c$$
$$+ (K_{2y} h_{bt} - 2K_{1y} h_{tw}) y_{t1} + (2K_{1\theta} + K_{2\theta} + 2K_{1y} h_{tw}^2 + K_{2y} h_{bt}^2 + K_{rx}) \theta_{t1}$$
$$+ K_{1y} h_{tw} y_{w1} + K_{1y} h_{tw} y_{w2} - K_{1\theta} \theta_{w1} - K_{1\theta} \theta_{w2}$$
$$- C_{2y} h_{bt} \dot{y}_c + (C_{2y} h_{cb} h_{bt} - C_{2\theta}) \dot{\theta}_c - C_{2y} h_{bt} l_c \dot{\psi}_c$$
$$+ (C_{2y} h_{bt} - 2C_{1y} h_{tw}) \dot{y}_{t1} + (2C_{1\theta} + C_{2\theta} + 2C_{1y} h_{tw}^2 + C_{2y} h_{bt}^2) \dot{\theta}_{t1}$$
$$+ C_{1y} h_{tw} \dot{y}_{w1} + C_{1y} h_{tw} \dot{y}_{w2} - C_{1\theta} \dot{\theta}_{w1} - C_{1\theta} \dot{\theta}_{w2} = 0$$

$$(3\text{-}11)$$

9）第1位转向架的点头运动

$$I_{ty} \ddot{\varphi}_{t1} + (2K_{1z} l_t^2 + 2K_{1x} h_{tw}^2 + K_{2x} h_{bt}^2) \varphi_{t1} - K_{1z} l_t z_{w1} + K_{1z} l_t z_{w2} + K_{2x} h_{cb} h_{bt} \varphi_c$$
$$+ (2C_{1z} l_t^2 + 2C_{1x} h_{tw}^2 + C_{2x} h_{bt}^2) \dot{\varphi}_{t1} - C_{1z} l_t \dot{z}_{w1} + C_{1z} l_t \dot{z}_{w2} + C_{2x} h_{cb} h_{bt} \dot{\varphi}_c = 0$$

$$(3\text{-}12)$$

10）第1位转向架的摇头运动

$$I_{tz} \ddot{\psi}_{t1} - K_{2\psi} \psi_c + (K_{2\psi} + 2K_{1\psi} + 2K_{1y} l_t^2) \psi_{t1}$$
$$- K_{1\psi} \psi_{w1} - K_{1\psi} \psi_{w2} - K_{1y} l_t y_{w1} + K_{1y} l_t y_{w2}$$
$$- C_{2\psi} \dot{\psi}_c + (C_{2\psi} + 2C_{1\psi} + 2C_{1y} l_t^2) \dot{\psi}_{t1}$$
$$- C_{1\psi} \dot{\psi}_{w1} - C_{1\psi} \dot{\psi}_{w2} - C_{1y} l_t \dot{y}_{w1} + C_{1y} l_t \dot{y}_{w2} = 0 \quad (3\text{-}13)$$

11）第2位转向架的沉浮运动

$$M_t \ddot{z}_{t2} - K_{2z} z_c + K_{2z} l_c \varphi_c + (K_{2z} + 2K_{1z}) z_{t2} - K_{1z} z_{w3} - K_{1z} z_{w4}$$
$$- C_{2z} \dot{z}_c + C_{2z} l_c \dot{\varphi}_c + (C_{2z} + 2C_{1z}) \dot{z}_{t2} - C_{1z} \dot{z}_{w3} - C_{1z} \dot{z}_{w4} = M_t g \quad (3\text{-}14)$$

12）第2位转向架的横移运动

$$M_t \ddot{y}_{t2} + (K_{2y} + 2K_{1y}) y_{t2} + (K_{2y} h_{bt} - 2K_{1y} h_{tw}) \theta_{t2}$$
$$- K_{2y} y_c - K_{2y} l_c \psi_c + K_{2y} h_{cb} \theta_c - K_{1y} y_{w3} - K_{1y} y_{w4}$$
$$+ (C_{2y} + 2C_{1y}) \dot{y}_{t2} + (C_{2y} h_{bt} - 2C_{1y} h_{tw}) \dot{\theta}_{t2}$$
$$- C_{2y} \dot{y}_c - C_{2y} l_c \dot{\psi}_c + C_{2y} h_{cb} \dot{\theta}_c - C_{1y} \dot{y}_{w3} - C_{1y} \dot{y}_{w4} = 0 \quad (3\text{-}15)$$

13）第 2 位转向架的侧滚运动

$$I_{tx}\ddot{\theta}_{t2} - K_{2y}h_{bt}y_c + (K_{2y}h_{cb}h_{bt} - K_{2\theta} - K_{rx})\theta_c - K_{2y}h_{bt}l_c\psi_c$$
$$+ (K_{2y}h_{bt} - 2K_{1y}h_{tw})y_{t2} + (2K_{1\theta} + K_{2\theta} + 2K_{1y}h_{tw}^2 + K_{2y}h_{bt}^2 + K_{rx})\theta_{t2}$$
$$+ K_{1y}h_{tw}y_{w3} + K_{1y}h_{tw}y_{w4} - K_{1\theta}\theta_{w3} - K_{1\theta}\theta_{w4}$$
$$- C_{2y}h_{bt}\dot{y}_c + (C_{2y}h_{cb}h_{bt} - C_{2\theta})\dot{\theta}_c - C_{2y}h_{bt}l_c\dot{\psi}_c$$
$$+ (C_{2y}h_{bt} - 2C_{1y}h_{tw})\dot{y}_{t2} + (2C_{1\theta} + C_{2\theta} + 2C_{1y}h_{tw}^2 + C_{2y}h_{bt}^2)\dot{\theta}_{t2}$$
$$+ C_{1y}h_{tw}\dot{y}_{w3} + C_{1y}h_{tw}\dot{y}_{w4} - C_{1\theta}\dot{\theta}_{w3} - C_{1\theta}\dot{\theta}_{w4} = 0$$

(3-16)

14）第 2 位转向架的点头运动

$$I_{ty}\ddot{\varphi}_{t2} + (2K_{1z}l_t^2 + 2K_{1x}h_{tw}^2 + K_{2x}h_{bt}^2)\varphi_{t2} - K_{1z}l_t z_{w3} + K_{1z}l_t z_{w4} + K_{2x}h_{cb}h_{bt}\varphi_c$$
$$+ (2C_{1z}l_t^2 + 2C_{1x}h_{tw}^2 + C_{2x}h_{bt}^2)\dot{\varphi}_{t2} - C_{1z}l_t\dot{z}_{w3} + C_{1z}l_t\dot{z}_{w4} + C_{2x}h_{cb}h_{bt}\dot{\varphi}_c = 0$$

(3-17)

15）第 2 位转向架的摇头运动

$$I_{tz}\ddot{\psi}_{t2} - K_{2\psi}\psi_c + (K_{2\psi} + 2K_{1\psi} + 2K_{1y}l_t^2)\psi_{t2}$$
$$- K_{1\psi}\psi_{w3} - K_{1\psi}\psi_{w4} - K_{1y}l_t y_{w3} + K_{1y}l_t y_{w4}$$
$$- C_{2\psi}\dot{\psi}_c + (C_{2\psi} + 2C_{1\psi} + 2C_{1y}l_t^2)\dot{\psi}_{t2}$$
$$- C_{1\psi}\dot{\psi}_{w3} - C_{1\psi}\dot{\psi}_{w4} - C_{1y}l_t\dot{y}_{w3} + C_{1y}l_t\dot{y}_{w4} = 0$$

(3-18)

16）轮对的沉浮运动

$$M_w\ddot{z}_{w1} - K_{1z}z_{t1} + K_{1z}z_{w1} - K_{1z}l_t\varphi_{t1} - C_{1z}\dot{z}_{t1} + C_{1z}\dot{z}_{w1} - C_{1z}l_t\dot{\varphi}_{t1}$$
$$= M_w g + N_{lz1} + N_{rz1} + F_{lz1} + F_{rz1}$$

(3-19)

$$M_w\ddot{z}_{w2} - K_{1z}z_{t1} + K_{1z}z_{w2} + K_{1z}l_t\varphi_{t1} - C_{1z}\dot{z}_{t1} + C_{1z}\dot{z}_{w2} + C_{1z}l_t\dot{\varphi}_{t1}$$
$$= M_w g + N_{lz2} + N_{rz2} + F_{lz2} + F_{rz2}$$

(3-20)

$$M_w\ddot{z}_{w3} - K_{1z}z_{t2} + K_{1z}z_{w3} - K_{1z}l_t\varphi_{t2} - C_{1z}\dot{z}_{t2} + C_{1z}\dot{z}_{w3} - C_{1z}l_t\dot{\varphi}_{t2}$$
$$= M_w g + N_{lz3} + N_{rz3} + F_{lz3} + F_{rz3}$$

(3-21)

$$M_w\ddot{z}_{w4} - K_{1z}z_{t2} + K_{1z}z_{w4} + K_{1z}l_t\varphi_{t2} - C_{1z}\dot{z}_{t2} + C_{1z}\dot{z}_{w4} + C_{1z}l_t\dot{\varphi}_{t2}$$
$$= M_w g + N_{lz4} + N_{rz4} + F_{lz4} + F_{rz4}$$

(3-22)

17）轮对的横移运动

$$M_w\ddot{y}_{w1} - K_{1y}y_{t1} + K_{1y}y_{w1} + K_{1y}h_{tw}\theta_{t1} - K_{1y}l_t\psi_{t1} - C_{1y}\dot{y}_{t1} + C_{1y}\dot{y}_{w1} + C_{1y}h_{tw}\dot{\theta}_{t1} - C_{1y}l_t\dot{\psi}_{t1}$$
$$= N_{ly1} + N_{ry1} + F_{ly1} + F_{ry1}$$

(3-23)

$$M_w\ddot{y}_{w2} - K_{1y}y_{t1} + K_{1y}y_{w2} + K_{1y}h_{tw}\theta_{t1} + K_{1y}l_t\psi_{t1} - C_{1y}\dot{y}_{t1} + C_{1y}\dot{y}_{w2} + C_{1y}h_{tw}\dot{\theta}_{t1} + C_{1y}l_t\dot{\psi}_{t1}$$
$$= N_{ly2} + N_{ry2} + F_{ly2} + F_{ry2}$$

(3-24)

$$M_w\ddot{y}_{w3} - K_{1y}y_{t2} + K_{1y}y_{w3} + K_{1y}h_{tw}\theta_{t2} - K_{1y}l_t\psi_{t2} - C_{1y}\dot{y}_{t2} + C_{1y}\dot{y}_{w3} + C_{1y}h_{tw}\dot{\theta}_{t2} - C_{1y}l_t\dot{\psi}_{t2}$$
$$= N_{ly3} + N_{ry3} + F_{ly3} + F_{ry3}$$

(3-25)

$$M_w \ddot{y}_{w1} - K_{1y}y_{t2} + K_{1y}y_{w4} + K_{1y}h_{tw}\theta_{t2} + K_{1y}l_t\psi_{t2} - C_{1y}\dot{y}_{t2} + C_{1y}\dot{y}_{w4} + C_{1y}h_{tw}\dot{\theta}_{t2} + C_{1y}l_t\dot{\psi}_{t2}$$
$$= N_{ly4} + N_{ry4} + F_{ly4} + F_{ry4}$$

(3-26)

18) 轮对的侧滚运动

$$I_{wx}\ddot{\theta}_{w1} - K_{1\theta}\theta_{t1} + K_{1\theta}\theta_{w1} - C_{1\theta}\dot{\theta}_{t1} + C_{1\theta}\dot{\theta}_{w1}$$
$$= (N_{ly1} - N_{ry1} + F_{ly1} - F_{ry1})a_0 - (N_{ly1} + F_{ly1})r_{l1} - (N_{ry1} + F_{ry1})r_{r1}$$

(3-27)

$$I_{wx}\ddot{\theta}_{w2} - K_{1\theta}\theta_{t1} + K_{1\theta}\theta_{w2} - C_{1\theta}\dot{\theta}_{t1} + C_{1\theta}\dot{\theta}_{w2}$$
$$= (N_{ly2} - N_{ry2} + F_{ly2} - F_{ry2})a_0 - (N_{ly2} + F_{ly2})r_{l2} - (N_{ry2} + F_{ry2})r_{r2}$$

(3-28)

$$I_{wx}\ddot{\theta}_{w3} - K_{1\theta}\theta_{t2} + K_{1\theta}\theta_{w3} - C_{1\theta}\dot{\theta}_{t2} + C_{1\theta}\dot{\theta}_{w3}$$
$$= (N_{ly3} - N_{ry3} + F_{ly3} - F_{ry3})a_0 - (N_{ly3} + F_{ly3})r_{l3} - (N_{ry3} + F_{ry3})r_{r3}$$

(3-29)

$$I_{wx}\ddot{\theta}_{w4} - K_{1\theta}\theta_{t2} + K_{1\theta}\theta_{w4} - C_{1\theta}\dot{\theta}_{t2} + C_{1\theta}\dot{\theta}_{w4}$$
$$= (N_{ly4} - N_{ry4} + F_{ly4} - F_{ry4})a_0 - (N_{ly4} + F_{ly4})r_{l4} - (N_{ry4} + F_{ry4})r_{r4}$$

(3-30)

19) 轮对的摇头运动

$$I_{wz}\ddot{\psi}_{w1} - K_{1\psi}\psi_{t1} + K_{1\psi}\psi_{w1} - C_{1\psi}\dot{\psi}_{t1} + C_{1\psi}\dot{\psi}_{w1}$$
$$= (N_{lx1} + N_{rx1})a_0 + (N_{ly1} - N_{ry1} + F_{ly1} - F_{ry1})a_0\psi_{w1} + M_{lz1} + M_{rz1}$$

(3-31)

$$I_{wz}\ddot{\psi}_{w2} - K_{1\psi}\psi_{t1} + K_{1\psi}\psi_{w2} - C_{1\psi}\dot{\psi}_{t1} + C_{1\psi}\dot{\psi}_{w2}$$
$$= (N_{lx2} + N_{rx2})a_0 + (N_{ly2} - N_{ry2} + F_{ly2} - F_{ry2})a_0\psi_{w2} + M_{lz2} + M_{rz2}$$

(3-32)

$$I_{wz}\ddot{\psi}_{w3} - K_{1\psi}\psi_{t2} + K_{1\psi}\psi_{w3} - C_{1\psi}\dot{\psi}_{t2} + C_{1\psi}\dot{\psi}_{w3}$$
$$= (N_{lx3} + N_{rx3})a_0 + (N_{ly3} - N_{ry3} + F_{ly3} - F_{ry3})a_0\psi_{w3} + M_{lz3} + M_{rz3}$$

(3-33)

$$I_{wz}\ddot{\psi}_{w4} - K_{1\psi}\psi_{t2} + K_{1\psi}\psi_{w4} - C_{1\psi}\dot{\psi}_{t2} + C_{1\psi}\dot{\psi}_{w4}$$
$$= (N_{lx4} + N_{rx4})a_0 + (N_{ly4} - N_{ry4} + F_{ly4} - F_{ry4})a_0\psi_{w4} + M_{lz4} + M_{rz4}$$

(3-34)

轨道结构的建模主要采用有限元理论。按照道床形式，可将轨道结构分为有砟轨道和无砟轨道两类。根据设计方提供的资料，本节主要研究钢弹簧浮置板轨道的力学模型特点及假设。依据各轨道模型的力学简化模型，分别在 ANSYS 里建立相应的有限元分析模型，并通过自编的程序接口提取各轨道结构模型相应的节点坐标、材料属性、单元类型、质量矩阵、刚度矩阵、阻尼矩阵等。

对于钢弹簧浮置板道床，钢轨通过扣件系统同混凝土板进行连接，混凝土板下方按照一定的方式设置钢弹簧系统对混凝土板进行支承，形成钢弹簧浮置板道床。其模型力学示意图如图 3-5 所示。

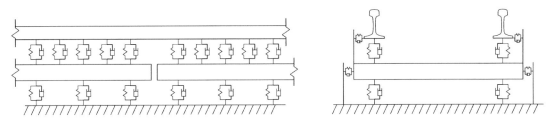

图 3-5 钢弹簧浮置板道床模型力学示意图

2. 轮轨接触关系子模型

轮轨接触关系子模型的建立主要包括轮轨间几何关系的计算以及轮轨间法向接触力与切向蠕滑力的计算。前者可以称作轮轨接触几何的计算，后者可以统称为轮轨接触作用力的计算。以下将针对二者的计算过程进行说明。

1) 轮轨接触几何计算

轮轨接触属于三维接触问题，为了计算轮轨间的接触几何关系（图 3-6），将轮轨接触点的轨迹（迹线）视作一条在车轮踏面上的由轮轨之间接触点所组成的空间曲线，这样就可以通过一条迹线来代替车轮整个踏面范围，大大降低轮轨接触几何的计算量。

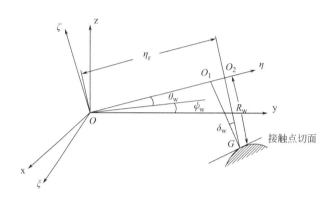

图 3-6 轮轨接触几何示意图

轮轨接触点的坐标推导公式如下：

$$\begin{cases} x = \eta_r l_x + l_x R_w \tan\delta_w \\ y = \eta_r l_y - \dfrac{R_w}{1-l_x^2}(l_x^2 l_y \tan\delta_w + l_z m) + y_w \\ z = \eta_r l_z - \dfrac{R_w}{1-l_x^2}(l_x^2 l_z \tan\delta_w - l_y m) \end{cases} \quad (3\text{-}35)$$

式中：R_w——滚动圆半径；

δ_w——接触角；

η_r——滚动圆与轮轴中间截面的横向距离；

y_w——轮对的横向位移；

$m = \sqrt{1-l_x^2(1+\tan^2\delta_w)}$；

l_x、l_y、l_z——x、y、z 方向余弦。

$$\begin{cases} l_x = -\cos\theta_w \sin\psi_w \\ l_y = -\cos\theta_w \cos\psi_w \\ l_z = \sin\theta_w \end{cases} \quad (3\text{-}36)$$

式中：θ_w——轮对的侧滚量；

ψ_w——为轮对的摇头角。

2) 轮轨接触力计算

本书计算轮轨接触力的过程如下：首先依据 Hertz 接触理论，根据轮轨间的相对位置以及轮轨力学参数求解得到轮轨间的法向接触力；基于Kalker轮轨蠕滑理论对轮轨接触点处的纵向及横向蠕滑力进行求解，并在沈氏理论的基础上对大蠕滑率、大自旋甚至完全滑动情形下的蠕滑力进行修正，最终得到轮轨接触点处的法向力与切向力。

(1) 轮轨法向力

基于Hertz非线性接触理论计算轮轨法向力：

$$P(t) = \left(\frac{1}{G}\Delta Z(t)\right)^{3/2} \tag{3-37}$$

式中：G——轮轨接触常数（$m/N^{2/3}$）；

$\Delta Z(t)$——轮轨间弹性压缩量（m）。

对于锥形踏面，$G = 4.57 R^{-0.149} \times 10^{-8}$；

对于磨耗形踏面，$G = 3.86 R^{-0.115} \times 10^{-8}$。

轮轨间的弹性压缩量，可由轮轨接触点处的轮轨位移直接确定。

$$\Delta Z(t) = Z_{wi} - Z_{ri}(t) \quad (i = 1 \sim 4) \tag{3-38}$$

式中：Z_{wi}、$Z_{ri}(t)$——第i个车轮的位移（m）和其下方的钢轨位移（m）。

当轮轨界面存在轨道不平顺$Z_0(t)$时，轮轨力可以表示为：

$$P(t) = \begin{cases} \left\{\frac{1}{G}[Z_{wi}(t) - Z_{ri}(t) - Z_0(t)]\right\}^{3/2} \\ 0 \text{（轮轨脱离时）} \end{cases} \tag{3-39}$$

(2) 轮轨切向力

列车运行时，车轮与钢轨之间会在接触斑上产生的切向蠕滑力。本书在计算蠕滑力时采用Kalker线性蠕滑理论，并在沈氏理论基础上对蠕滑力进行了非线性修正。轮轨间的纵向蠕滑率ξ_x、横向蠕滑率ξ_y以及自旋蠕滑率ξ_{sp}定义如下：

$$\begin{cases} \xi_x = \dfrac{v_{w1} - v_{r1}}{v} \\ \xi_y = \dfrac{v_{w2} - v_{r2}}{v} \\ \xi_{sp} = \dfrac{\Omega_{w3} - \Omega_{r3}}{v} \end{cases} \tag{3-40}$$

式中：v_{w1}——车轮在接触点处的纵向线速度；

v_{w2}——车轮在接触点处的横向线速度；

Ω_{w3}——车轮在接触点处的旋转角速度；

v_{r1}——钢轨在接触点处的纵向线速度；

v_{r2}——钢轨在接触点处的横向线速度；

Ω_{r3}——钢轨在接触点处的旋转角速度；

v——车轮的名义速度。

Kalker线性理论是假定接触区全部为黏着区，切向力对称分布，因此纵向蠕滑力与横向蠕滑率无关，横向蠕滑力与纵向蠕滑率无关。蠕滑力T_x、T_y、M_z与蠕滑率ξ_x、ξ_y、ξ_{sp}的关系如下：

$$\begin{cases} T_x = -f_{11}\xi_x \\ T_y = -f_{22}\xi_y - f_{23}\xi_{sp} \\ M_z = f_{32}\xi_y - f_{33}\xi_{sp} \end{cases} \tag{3-41}$$

式中：f_{11}——纵向蠕滑系数；

f_{22}——横向蠕滑系数；

$f_{23}=f_{32}$——横向/自旋蠕滑系数；

f_{33}——自旋蠕滑系数。

蠕滑系数可以按下式计算：

$$\begin{cases} f_{11} = EabC_{11} \\ f_{22} = EabC_{22} \\ f_{23} = E(ab)^{2/3}C_{23} \\ f_{33} = E(ab)^2 C_{33} \end{cases} \tag{3-42}$$

式中：a——接触椭圆的长；

b——接触椭圆的短半轴；

E——车轮与钢轨的弹性模量；

C_{ij}——Kalker 系数，可通过查表获得。

Kalker 线性蠕滑理论适用于小蠕滑率和小自旋的情况，在大蠕滑率、大自旋甚至纯滑动的情形下，蠕滑力的线性作用关系被打破，为此，可在沈氏理论的基础上按照下式对蠕滑力进行非线性修正，以拓展轮轨蠕滑力计算的适用情况。

T_x 和 T_y 的合力 T_r 为：$T_r = \sqrt{T_x^2 + T_y^2}$

$$T_r' = \begin{cases} \mu N \left[\dfrac{T_r}{\mu N} - \dfrac{1}{3}\left(\dfrac{T_r}{\mu N}\right)^2 + \dfrac{1}{27}\left(\dfrac{T_r}{\mu N}\right)^3 \right], & T_r \leqslant \mu N \\ \mu N, & T_r > \mu N \end{cases} \tag{3-43}$$

式中：μ——轮轨最大静摩擦系数；

N——轮轨接触点处的法向作用力。

引入修正系数 $\varepsilon = T_r'/T_r$，则得到修正后的蠕滑力（力矩）为：

$$\begin{cases} T_x' = \varepsilon T_x \\ T_y' = \varepsilon T_y \\ M_z' = \varepsilon M_z \end{cases} \tag{3-44}$$

3. 轨道与下部基础相互作用子模型

通过弹簧-阻尼装置实现轨道与下部基础的相互作用。由于轨道结构及下部基础均采用空间实体单元进行建模，不考虑轨道结构及下部基础沿线路纵向 x 方向的自由度，故每个节点只有 y、z 两个方向的自由度。设某时刻轨道底部与下部基础间的第 j 个作用点垂向位移及横向位移分别为 z_{tij}、y_{tij}，对应下部基础第 i 个节点处垂向位移、横向位移、转角分别为 z_{fi}、y_{fi}，则第 i 个截面、第 j 个作用点处的轨道与下部基础间的垂向作用力 F_{zij}、横向相互作用力 F_{yij} 分别为：

$$F_{zij} = K_{tz}(z_{tij} - z_{fi}) + C_{tz}(\dot{z}_{tij} - \dot{z}_{fi}) \tag{3-45}$$

$$F_{yij} = K_{ty}(y_{tij} - y_{fi}) + C_{ty}(\dot{y}_{tij} - \dot{y}_{fi}) \qquad (3\text{-}46)$$

式中：K_{tz}——轨道与下部基础间的垂向连接刚度；
C_{tz}——轨道与下部基础间的垂向连接阻尼；
K_{ty}——横向连接刚度；
C_{ty}——横向连接阻尼。

4. 隧道-土体与加油站相互作用子模型

在建立隧道-土体与建筑结构间的相互作用模型时，通常认为土体同建筑物间接触面粗糙，土层与建筑物基础间不产生任何相对移动，认为二者的位移完全耦合。加油站通常以梁、壳单元为主，每个节点对应3个空间平动自由度及3个空间转动自由度，而隧道-土体采用实体模型，每个节点对应3个空间平动自由度。因此在建立隧道-土体与加油站相互作用模型时需要通过节点间运动自由度的约束方程实现（图3-7）。

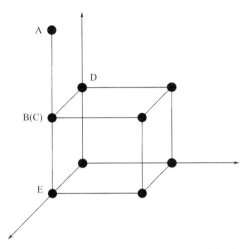

图 3-7 实体单元与梁单元的节点自由度耦合

根据节点 B 与 C、D、E 间的位移协调关系，建立的约束方程如下：

$$\begin{cases} ux_B = ux_C \\ uy_B = uy_C \\ uz_B = uz_C \\ rotx_B = (uy_D - uy_C)/a \\ roty_B = (-ux_D + ux_C)/a \\ rotz_B = (ux_E - ux_C)/a \end{cases} \qquad (3\text{-}47)$$

式中：ux_B——B点的x方向平动自由度；
uy_B——B点的y方向平动自由度；
uz_B——B点的z方向平动自由度；
$rotx_B$——B点的绕x轴方向的转动自由度；
$roty_B$——B点的绕y轴方向的转动自由度；
$rotz_B$——B点的z轴方向的转动自由度；
a——实体单元的边长。

5. 轨道随机不平顺模型的建立

轨道随机不平顺是使运行中车辆及轨道乃至下部结构产生振动的主要原因，是车辆-轨道耦合系统的激励函数。轨道不平顺实质上是一个与线路里程相关的随机过程，是指支承并引导车轮运行的轨道接触面在相同轮载作用下沿实际轨道与理论平顺轨道面的偏差。

轨道不平顺的形成及发展是众多因素共同随机作用下的结果，其特性往往表现较强，因此对其分类时通常根据其某一类特征的变化及分布规律进行划分，如按照轨道不平顺波长特征可将其分为长波、中波及短波不平顺;按照轨道不平顺项目可分为轨道交通线路几何不平顺、轨面粗糙度不平顺等。

1) 轨道交通线路几何不平顺

轨道不平顺的随机特性决定了对某段轨道不平顺的描述不能采用一个明确的数学表达式,只能依靠现场实际测量后,运用统计学方法得到的轨道不平顺随机数据的均方值、标准差、功率谱密度等统计函数。其中,轨道不平顺功率谱密度函数,简称轨道不平顺谱,可以综合反映出轨道的不平顺波长及幅值信息,目前在铁路领域已得到大量应用。对于轨道不平顺谱,欧美、日本等国家的铁路部门已基于轨检数据各自发表了适用于本国内不同线路等级的轨道不平顺功率谱。

我国也针对干线铁路的轨道不平顺功率谱开展了大量研究工作,已形成适用于我国高速、重载铁路的轨道不平顺谱,如三大干线不平顺谱、秦沈线轨道谱、京津城际轨道谱等,但干线谱多针对有砟轨道结构,高速谱多采用CRTS系列的无砟轨道结构,针对城市轨道交通领域、市域快线谱尚未形成系统性结论,因此本节主要选取依据行车速度等级划分的美国轨道不平顺功率谱作为系统激励。美国轨道不平顺功率谱计算如下:

(1) 轨道高低不平顺

$$S_v(\phi) = \frac{A_v \phi_{v2}^2 (\phi^2 + \phi_{v1}^2)}{\phi^4 (\phi^2 + \phi_{v2}^2)} \tag{3-48}$$

(2) 轨道方向不平顺

$$S_a(\phi) = \frac{A_a \phi_{a2}^2 (\phi^2 + \phi_{a1}^2)}{\phi^4 (\phi^2 + \phi_{a2}^2)} \tag{3-49}$$

(3) 轨道水平不平顺

$$S_c(\phi) = \frac{A_c \phi_{c2}^2}{(\phi^2 + \phi_{c1}^2)(\phi^2 + \phi_{c2}^2)} \tag{3-50}$$

(4) 轨道轨距不平顺

$$S_g(\phi) = \frac{A_g \phi_{g2}^2}{(\phi^2 + \phi_{g1}^2)(\phi^2 + \phi_{g2}^2)} \tag{3-51}$$

式中:$S(\phi)$——轨道不平顺功率谱密度 [$m^2/(1/m)$];

ϕ——轨道不平顺的空间频率(1/m);

A——粗糙度常数(m);

ϕ_1、ϕ_2——截断频率(1/m)。

参数如表3-3所示。

美国标准轨道谱参数 表3-3

类型	参数	线路等级					
		一级	二级	三级	四级	五级	六级
高低	$A_v(10^{-7}m)$	16.7217	9.5250	5.2917	2.9633	1.6722	0.9525
	$\phi_{v1}(1/m)$	0.0233	0.0233	0.0233	0.0233	0.0233	0.0233
	$\phi_{v2}(1/m)$	0.1312	0.1312	0.1312	0.1312	0.1312	0.1312

续表

类型	参数	线路等级					
		一级	二级	三级	四级	五级	六级
方向	$A_a(10^{-7}\text{m})$	10.5833	5.9267	3.3867	1.8838	1.0583	0.5927
	$\phi_{a1}(1/\text{m})$	0.0328	0.0328	0.0328	0.0328	0.0328	0.0328
	$\phi_{a2}(1/\text{m})$	0.1837	0.1837	0.1837	0.1837	0.1837	0.1837
水平	$A_c(10^{-7}\text{m})$	4.8683	3.3867	2.3283	1.5663	1.0583	0.7197
	$\phi_{c1}(1/\text{m})$	0.0233	0.0233	0.0233	0.0233	0.0233	0.0233
	$\phi_{c2}(1/\text{m})$	0.1312	0.1312	0.1312	0.1312	0.1312	0.1312
轨距	$A_g(10^{-7}\text{m})$	10.5833	5.9267	3.3867	1.8838	1.0583	0.5927
	$\phi_{g1}(1/\text{m})$	0.0292	0.0292	0.0292	0.0292	0.0292	0.0292
	$\phi_{g2}(1/\text{m})$	0.2329	0.2329	0.2329	0.2329	0.2329	0.2329
允许最高速度(km/h)	货车	16	40	64	96	128	176
	客车	24	48	96	128	144	176

本书选用三角级数法进行模拟，采用的随机样本函数为：

$$\xi(x)=\sqrt{2}\sum_{k=1}^{N}\sqrt{S(\omega_k)\Delta\omega}\cos(\omega_k x+\phi_k) \tag{3-52}$$

式中：$\xi(x)$——不平顺序列；

$S(\omega_k)$——功率谱密度；

ϕ_k——相位，在$[0, 2\pi]$区间内服从均匀分布；

$\Delta\omega$、ω_k——分别为频率间隔和频率，可按下式计算：

$$\Delta\omega=\frac{\omega_N-\omega_1}{N} \tag{3-53}$$

$$\omega_k=\omega_1+(k-1/2)\Delta\omega \tag{3-54}$$

式中：ω_N——所取频率的上限；

ω_1——所取频率的下限。

利用三角级数法，根据上述轨道不平顺功率谱表达式及系数反演得到的轨道横垂向随机不平顺（美国六级谱）。轨道不平顺样本共计1000m，采样间隔为0.25m，有效波长范围为1～70m。图3-8给出了下文计算时所用的轨道随机不平顺样本数据。

2）轮轨表面粗糙度谱

以上的轨道不平顺谱的波长范围都在几米以上，所以一般只能满足机车车辆和下部基础的低频随机振动分析，不能满足轨道结构随机振动的研究需要。由于铁路运营速度不断提高，轨道短波不平顺引起的铁路噪声以及轨道、机车车辆的破坏越来越大，尤其是高速铁路，更不能忽视轨道短波不平顺的影响。

波磨是钢轨表面的一种磨耗型不平顺，波长一般在50～300mm之间，是一种典型的短波不平顺。另外，滚动接触疲劳也会使车轮产生磨耗，车轮的粗糙度波长主要在50～70mm范围内。

轨道检测车无法有效获取轨道短波不平顺，因此要通过专门的测试仪器获取轨道短波

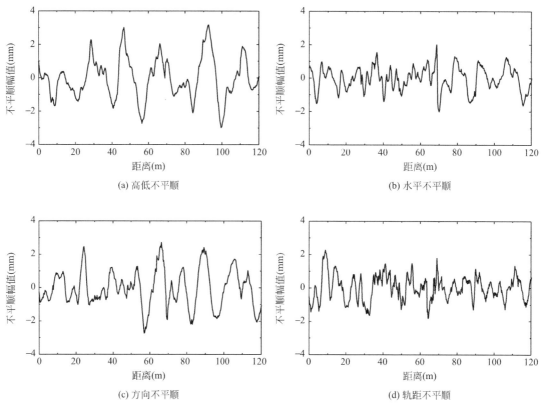

图 3-8 轨道随机不平顺样本数据

不平顺。王澜[12]现场测量了我国石太线的轨道垂向短波不平顺,现场采用的仪器为 Colmar 钢轨磨耗测量仪。对数据进行回归分析后,提出了我国线路垂向短波不平顺谱表达式:

$$S(f)=0.036f^{-3.15} \tag{3-55}$$

式中:$S(f)$——轨道不平顺功率谱($mm^2 \cdot m$);

f——空间频率(1/m),波长范围为 0.01~1m。

需要指出的是,对于轮轨表面粗糙度谱,需要进行轮轨接触滤波。徐志胜、翟婉明、方锐给出了滤波作用函数的表达式[13-14]:

$$|H(\Omega)|^2 = \frac{4}{\alpha(\Omega b)^2} \int_0^{\tan^{-1}\alpha} J_I[\Omega b \sec\chi]^2 d\chi \tag{3-56}$$

式中:b——接触椭圆平均半径;

J——贝赛尔函数;

χ——粗糙度的波长;

α——给定波数下车轮踏面或者钢轨表面上任意两条平行线上粗糙度的相关系数,α 的确定较为困难,一般假定两条平行线上粗糙度完全相关,则 α 趋于 0,上式可以简化为:

$$|H(\Omega)|^2 = \frac{1}{1+\alpha(\Omega b)^3/4} \tag{3-57}$$

3.2.1.2 盾构掘进激振模型

采用文献中实测地铁盾构施工引起的隧道结构振动数据，第一个加速度传感器安装在距离隧道表面 3m 的地方。其余三个加速度传感器分别安装在相距 3m 的地方，测点位置如图 3-9 所示。将现场监测到的破坏性最大的加速度作为激励荷载施加到相应位置。

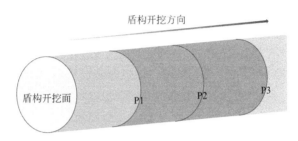

图 3-9 测点位置示意图

依据达朗贝尔原理，受约束的非自由质点受主动力 F 及约束力 F_N，如果再加上虚构的惯性力 $F_I = -ma$，则下式成立：

$$F + F_N + F_I = 0 \tag{3-58}$$

即在质点运动的任一时刻，主动力、约束力与惯性力构成平衡力系。

对质点系，如果在每个质点上都加上虚构的惯性力 $F_{Ii} = -m_i a_i$，则质系中每个质点均处于平衡，即：

$$F_i + F_{Ni} + F_{Ii} = 0 \quad (i = 1, 2, \cdots, n) \tag{3-59}$$

3.2.2 土体-人工边界模型

一般在地震作用及交通荷载的作用下，土体的力学性质相比静力问题时发生较大的变化。据研究表明，轨道交通引起的地基土动应变一般为 10^{-5} 或更小[15]，土颗粒之间可近似为连续介质，单个土颗粒的变形能够恢复，且认为土颗粒之间的摩擦消耗较小的能量，可以忽略塑性变形所耗能量，综上所述可以将土体看成弹性连续介质。因此，在土体结构建模时将土体按照各层材质的不同分为若干层，每一层假设土体为各向同性弹性体，每层之间不考虑土体间的相对滑动。因此，可采用有限元中的实体单元对各层土体进行模拟。

3.2.2.1 土体模型

在土体结构建模中，土层的剪切模量和阻尼比是反映动荷载作用下土的力学性能的两个重要指标。同时，土层模型截断的尺寸以及单元网格的大小均会对计算结果造成影响。因此，本节主要研究以上因素的理论建模方式及合理的参数取值。

1. 土层剪切模量

土体本身的弹性特征多用弹性波在土层中的传播速度来表征。通过对土体波速进行测试，结果表明剪切波能大体上反映了土构架的弹性特征，这是因为其在土中的传播具有稳定性，受含水量影响较小，但是压缩波速受含水量的变化影响较大。土体在动荷载作用下的弹性模量 E_d、剪切模量 G_d、泊松比 μ_d 一般可以通过剪切波速与压缩波速之间的关系来计算。

土介质的动剪切模量可通过土的密度和剪切波速的关系来计算，即：

$$G_d = C_s^2 \cdot \rho \tag{3-60}$$

式中：C_s——土层剪切波速；

ρ——土层密度。

根据文献谷天峰[16]对剪切波速C_s与压缩波速C_p间的相互关系的统计，二者间相互关系如下：

$$C_p = K \cdot C_s^\alpha \tag{3-61}$$

式中：C_p——土层压缩波速；

K、α——常数，通常$K=1.70\sim1.83$，$\alpha=0.96\sim1.0$。

利用土层的剪切波速C_s与压缩波速C_p，土层的动弹性模量E_d和动泊松比μ_d可通过下式进行计算：

$$E_d = \frac{\rho C_s^2(3C_p^2 - 4C_s^2)}{C_p^2 - C_s^2} \tag{3-62}$$

$$\mu_d = \frac{C_p^2 - 2C_s^2}{2(C_p^2 - C_s^2)} \tag{3-63}$$

2. 土层阻尼比

在动荷载作用下，土颗粒之间的相互摩擦，将引起振动能量的损耗，这也就产生了土体的材料阻尼。一般情况下，土体阻尼采用试验获得，且该值与土体的性质有关，在分析计算时该值可以采用下式：

$$\xi = \xi_{max}\left(1 - \frac{G}{G_{max}}\right) \tag{3-64}$$

式中：ξ_{max}——土体最大阻尼比；

G、G_{max}——分别为土的剪切模量与最大剪切模量。

本书在选取不同类型的土层阻尼比参数时主要依据袁晓铭等[17]给出的国内十多个地区土样的动剪切模量与阻尼比随动剪应变变化的平均曲线、推荐值及包络值，其中土样包括黏土、粉质黏土、粉土、砂土、淤土及淤泥质土。

3. 土层模型截断尺寸

在利用有限单元法计算土-结构相互作用时，需要对半无限域的土体结构做出合理的截断。若选取土体的范围过大，虽然结构计算精度有所提高了，但往往需要较长的计算时间以及较高的计算机配置；若选取土体的范围太小，人工边界会导致计算结果出现较大误差。杨永斌等[18]对高速车辆引起的地面振动问题进行了研究，提出土体模型尺寸应为研究对象剪切波波长λ_s的$1\sim1.5$倍。张宝才[19]分析土体的合理截断尺寸时，分别研究了不同宽度及深度下土体结构的自振周期变化情况，提出当土体模型宽度大于15倍隧道直径时，深度大于7倍隧道埋深土体自振周期开始趋于稳定。

4. 土层模型单元网格划分

一般来说，将弹性半无限空间转化为有限元研究振动在土体中的传播问题时，由于平面波在离散网格中的传播速度不再恒等于其物理波速，会导致有限元模型出现"低通效应"和"频散效应"[20]。这两种不利效应的存在将会导致振动波在有限元模型中的传播特性与实际情况出现明显差别。有研究表明，当单元尺寸取值足够小时，可以忽略由离散模型代替连续介质模型引起的误差,但出于计算效率及计算代价等方面的考虑,不可能无限制地缩小单元网格尺寸,因此必须合理选择土体模型的单元网格尺寸。根据相关研究,当单元网格尺寸 a 与土体的剪切波长 λ 之间存在 $a \leqslant \lambda/10 \sim \lambda/8$ 的关系时,对于近场及远程的振动传播均可取得较好的计算结果。由此可以认为,单元的尺寸主要由剪切波波长 $\lambda = C_s/f$ 决定。

3.2.2.2 土体边界模型

振动在土体中传播,当能量波传播至模型边界处时会产生波的反射,反射波与后续的入射波叠加后使边界附近的振动增强,而实际振动产生的振动波在无限长的同介质中传播时是不存在反射的,模型的截断引入了附加的振动,造成了模型边界附近分析结果的误差。为减小反射波造成的误差,工程上有两种方法:一是不断加大模型的宽度和深度,这样传播至边界处的波能量已经衰减到足够小,其引起的附加振动也就不会造成明显的误差了,但模型尺寸太大也会造成单元和节点的大幅度增加,浪费过多的存储空间和计算时间,甚至无法完成计算;二是在截取的有限区域上设置人工边界,以减少反射波的能量。

对于人工边界的研究目前主要分为全局与局部人工边界两类,其中后者由于其时空解耦特性和广泛适用性,在无限域波动模拟问题中受到重视[21]。局部人工边界,目前主要有自由边界、约束边界、黏性边界、黏-弹性边界等。

黏性边界是基于黏性阻尼耗能原理,在有限元模型的截断边界处设置黏性阻尼力吸收逸散波的能量达到吸收波辐射能量的目的。根据蒋通等[22]的研究,三维黏性边界处的阻尼系数 C_T^N、C_N^N 分别为:

切向边界:

$$C_T^N = a\rho c_s \tag{3-65}$$

法向边界:

$$C_N^N = b\rho c_p \tag{3-66}$$

式中:c_s——S 波的波速;

c_p——P 波的波速;

ρ——介质密度;

a——切向黏性人工边界参数;

b——法向黏性人工边界参数。

根据谷音等[23]的研究,三维黏-弹性人工边界的等效物理系统的弹簧系数 K_T^{NT}、K_N^{NT} 和阻尼系数 C_T^{NT}、C_N^{NT} 分别为:

切向边界:

$$K_T^{NT} = \alpha_T \frac{G}{R}, \quad C_T^{NT} = \rho c_s \tag{3-67}$$

法向边界:

$$K_N^{NT} = \alpha_N \frac{G}{R}, \quad C_N^{NT} = \rho c_p \tag{3-68}$$

式中:R——振源与人工边界间的距离;

G——介质剪切模量;

α_T——切向黏-弹性人工边界参数,其取值范围为 0.5~1.0;

α_N——法向黏-弹性人工边界参数,其取值范围为 1.0~2.0。

3.2.3 加油站模型

加油站的建模主要依据有限元理论。加油站主要由顶棚、立柱等部分组成,在建立加油站模型时,按照之前的模型假设,建立的加油站空间有限元模型如图 3-10 所示,油库有限元模型如图 3-11 所示。

图 3-10 加油站空间有限元模型

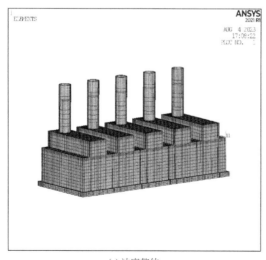
(a) 油库整体

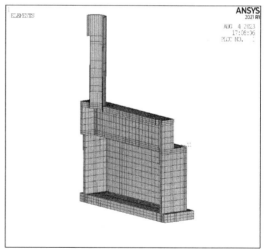
(b) 油库剖面

图 3-11 油库有限元模型

3.2.4 空间耦合动力学仿真模型的建立及求解

利用建立的车辆子模型、轨道结构子模型、加油站子模型,按照动力学原理,利用轮轨接触关系将各子模型耦合后进行求解。首先将各子模型的动力学方程整理成矩阵形式：

$$[M_m]\{\ddot{\delta}_m\} + [C_m]\{\dot{\delta}_m\} + [K_m]\{\delta_m\} = \{Q_m\} \tag{3-69}$$

$$[M_f]\{\ddot{\delta}_f\} + [C_f]\{\dot{\delta}_f\} + [K_f]\{\delta_f\} = \{Q_f\} \tag{3-70}$$

式中：M——质量；

C——阻尼；

K——刚度矩阵；

δ——相应自由度的位移；

$\dot{\delta}$——相应自由度的速度；

$\ddot{\delta}$——相应自由度的加速度；

Q——相应自由度的荷载向量；

下标 m——基于多体动力学原理的子模型（multi-body sub-model）；

下标 f——基于有限元方法的子模型（finite element sub-model）。

将多刚体模型和有限元模型的运动方程联立，以轮轨关系作为纽带，通过轨道不平顺作为系统激励，即可得到耦合系统的运动方程：

$$\begin{bmatrix} M_m & 0 \\ 0 & M_f \end{bmatrix} \begin{Bmatrix} \ddot{\delta}_m \\ \ddot{\delta}_f \end{Bmatrix} + \begin{bmatrix} C_m & 0 \\ 0 & C_f \end{bmatrix} \begin{Bmatrix} \dot{\delta}_m \\ \dot{\delta}_f \end{Bmatrix} + \begin{bmatrix} K_m & 0 \\ 0 & K_f \end{bmatrix} \begin{Bmatrix} \delta_m \\ \delta_f \end{Bmatrix} = \begin{Bmatrix} Q_m \\ Q_f \end{Bmatrix} \tag{3-71}$$

针对建立的耦合动力学方程，本书采用 Newmark-β 进行求解从而得到系统各部分的动力响应。

计算时采用如下假定：

$$\dot{\delta}_{t+\Delta t} = \dot{\delta}_t + [(1-\gamma)\ddot{\delta}_t + \gamma\ddot{\delta}_{t+\Delta t}]\Delta t \tag{3-72}$$

$$\delta_{t+\Delta t} = \delta_t + \dot{\delta}_t \Delta t + \left[\left(\frac{1}{2} - \beta\right)\ddot{\delta}_t + \beta\ddot{\delta}_{t+\Delta t}\right]\Delta t^2 \tag{3-73}$$

式中：δ——自由度的位移；

$\dot{\delta}$——自由度的速度；

$\ddot{\delta}$——自由度的加速度。

上述两个公式联立求解，得到：

$$\dot{\delta}_{t+\Delta t} = \dot{\delta}_t + (1-\gamma)\ddot{\delta}_t \Delta t + \gamma\ddot{\delta}_{t+\Delta t} \Delta t$$

$$= \dot{\delta}_t + (1-\gamma)\Delta t \ddot{\delta}_t + \gamma\Delta t \left(\frac{1}{\beta\Delta t^2}\delta_{t+\Delta t} - \frac{1}{\beta\Delta t^2}\delta_t - \frac{1}{\beta\Delta t}\dot{\delta}_t - \left(\frac{1}{2\beta} - 1\right)\ddot{\delta}_t\right)$$

$$= \frac{\gamma}{\beta\Delta t}\delta_{t+\Delta t} - \frac{\gamma}{\beta\Delta t}\delta_t + \left(1 - \frac{\gamma}{\beta}\right)\dot{\delta}_t + \left(1 - \frac{\gamma}{2\beta}\right)\Delta t \ddot{\delta}_t \tag{3-74}$$

$$\ddot{\delta}_{t+\Delta t} = \frac{1}{\beta\Delta t^2}\delta_{t+\Delta t} - \frac{1}{\beta\Delta t^2}\delta_t - \frac{1}{\beta\Delta t}\dot{\delta}_t - \left(\frac{1}{2\beta} - 1\right)\ddot{\delta}_t \tag{3-75}$$

$t + \Delta t$ 时刻的运动方程为

$$M\ddot{\delta}_{t+\Delta t} + C\dot{\delta}_{t+\Delta t} + K\delta_{t+\Delta t} = Q_{t+\Delta t} \tag{3-76}$$

将 $\ddot{\delta}_{t_1+\Delta t}$、$\dot{\delta}_{t_1+\Delta t}$ 代入可得：

$$(K + \alpha_0 M + \alpha_1 C)\delta_{t+\Delta t} = Q_{t+\Delta t} + M(\alpha_0 \delta_t + \alpha_2 \dot{\delta}_t + \alpha_3 \ddot{\delta}_t) + C(\alpha_1 \delta_t + \alpha_4 \dot{\delta}_t + \alpha_5 \ddot{\delta}_t) \tag{3-77}$$

式中，$\alpha_0 = 1/\beta\Delta t^2$，$\alpha_1 = \gamma/\beta\Delta t$，$\alpha_2 = 1/\beta\Delta t$，$\alpha_3 = 1/2\beta - 1$，$\alpha_4 = \gamma/\beta - 1$，$\alpha_5 = (\gamma/2\beta - 1)\Delta t$，$\alpha_6 = (1-\gamma)\Delta t$，$\alpha_7 = \gamma\Delta t$，$\beta \geqslant 0.25(0.5 + \gamma)^2$，$\gamma \geqslant 0.5$。

进一步可简化为：

$$\overline{K}\delta_{t+\Delta t} = \overline{Q}_{t+\Delta t} \tag{3-78}$$

式中，

$$\overline{K} = K + \alpha_0 M + \alpha_1 C \tag{3-79}$$

$$\overline{Q}_{t+\Delta t} = Q_{t+\Delta t} + M(\alpha_0 \delta_t + \alpha_2 \dot{\delta}_t + \alpha_3 \ddot{\delta}_t) + C(\alpha_1 \delta_t + \alpha_4 \dot{\delta}_t + \alpha_5 \ddot{\delta}_t) \tag{3-80}$$

求得 $\delta_{t+\Delta t}$ 后，回代即可得到 $\ddot{\delta}_{t+\Delta t}$ 和 $\dot{\delta}_{t+\Delta t}$：

$$\begin{cases} \delta_{t+\Delta t} = \overline{K}^{-1}\overline{Q}_{t+\Delta t} \\ \ddot{\delta}_{t+\Delta t} = \alpha_0(\delta_{t+\Delta t} - \delta_t) - \alpha_2 \dot{\delta}_t - \alpha_3 \ddot{\delta}_t \\ \dot{\delta}_{t+\Delta t} = \dot{\delta}_t + \alpha_6 \ddot{\delta}_t + \alpha_7 \ddot{\delta}_{t+\Delta t} \end{cases} \tag{3-81}$$

采用 Newmark-β 法的计算过程如下：

1. 初始计算

1) 选择合适的积分步长 Δt，参数 $\gamma(\gamma \geqslant 0.5)$ 和 $\beta[\beta \geqslant 0.25(0.5 + \gamma)^2]$，得到积分常数。

$$\alpha_0 = \frac{1}{\beta\Delta t^2}, \; \alpha_1 = \frac{\gamma}{\beta\Delta t}, \; \alpha_2 = \frac{1}{\beta\Delta t}, \; \alpha_3 = \frac{1}{2\beta} - 1$$

$$\alpha_4 = \frac{\gamma}{\beta} - 1, \; \alpha_5 = \Delta t\left(\frac{\gamma}{2\beta} - 1\right), \; \alpha_6 = (1-\gamma)\Delta t, \; \alpha_7 = \gamma\Delta t \tag{3-82}$$

2) 建立系统的刚度矩阵。

$$\overline{K} = K + \alpha_0 M + \alpha_1 C \tag{3-83}$$

3) 对系统刚度矩阵进行分解。

$$\overline{K} = LDL^T \tag{3-84}$$

2. 每步计算

1) 计算等效荷载列矩阵 $\overline{Q}_{t+\Delta t}$。

$$\overline{Q}_{t+\Delta t} = Q_{t+\Delta t} + M(\alpha_0 \delta_t + \alpha_2 \dot{\delta}_t + \alpha_3 \ddot{\delta}_t) + C(\alpha_1 \delta_t + \alpha_4 \dot{\delta}_t + \alpha_5 \ddot{\delta}_t)v \tag{3-85}$$

2) 求解 $\delta_{t+\Delta t}$。

$$LDL^T \delta_{t+\Delta t} = \overline{Q}_{t+\Delta t} \tag{3-86}$$

3) 计算 $t + \Delta t$ 时刻的加速度和速度。

$$\begin{cases} \ddot{\delta}_{t+\Delta t} = \alpha_0(\delta_{t+\Delta t} - \delta_t) - \alpha_2 \dot{\delta}_t - \alpha_3 \ddot{\delta}_t \\ \dot{\delta}_{t+\Delta t} = \dot{\delta}_t + \alpha_6 \ddot{\delta}_t + \alpha_7 \ddot{\delta}_{t+\Delta t} \end{cases} \tag{3-87}$$

3.2.5 动力学模型验证

为了验证本书提出的建模方法的可靠性，本节首先针对积分步长及计算模型的长度范围进行了研究。在此基础上，结合相关文献资料中的测试结果分别针对地铁诱发振动在大地中的传播特性、地铁诱发振动传递至建筑物引起的建筑物室内振动特性以及地铁-建筑物合建结构（"线楼分离"）的振动特性进行了对比验证。

3.2.5.1 轨道合理长度的选择

为了分析轨道的合理长度以消除边界效应对于计算结果的影响，选取了不同长度的钢轨模型。其中轨道长度分别考虑30m、60m、90m及120m，图3-12给出了轨道中间位置处的轮轨作用力随着轨道长度的变化情况。

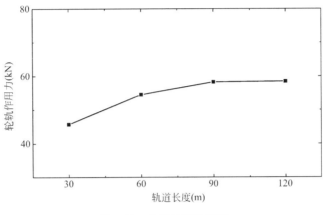

图3-12 轨道长度的影响

从图3-12可以看出，当轨道长度超过90m之后，同一位置处的轮轨作用力基本收敛于同一值，说明此时轨道结构的长度对于系统动力学特性的影响可以忽略不计，因此根据以上研究结果，本书最终确定的轨道长度为60m。

3.2.5.2 地铁-大地振动传播特性验证

根据文献中提供的地勘资料以及相关计算条件，建立了相同条件下的车辆-轨道-大地空间耦合动力学分析模型，其中土体相关参数如表3-4所示。建立的地基土有限元模型尺寸为120×120×20（长×宽×高，单位：m），单元长度为0.6m，采用黏-弹性人工边界；轨道结构采用普通有砟轨道，轨道及道床模型由钢轨、轨枕、道床（面层、底砟）组成。轨道采用60kg/mU75V热轧钢轨，轨距为1435mm，轨枕设置为1680根/km，道床采用碎石道床，厚为0.45m。采用双层道床：面层道砟厚0.25m，采用一级道砟；底砟厚0.20m，采用粗砂及中砂。道床顶宽3.3m，边坡率为1:1.75。计算时车速为50km/h。

土体参数 表3-4

土层编号	厚度(m)	密度(kg/m³)	压缩模量(MPa)	泊松比
1	1.85	1980	6.00	0.31
2	2.34	2040	8.00	0.23
3	1.3	2050	9.29	0.31
4	1.2	1920	6.16	0.42
5	2.76	1950	8.46	0.32
6	5.29	1650	2.87	0.3
7	2.93	1890	5.20	0.42
8	3.87	1940	9.20	0.31
9	5.11	1960	10.50	0.26
10	5.19	1980	6.00	0.25

为了便于对比,根据现场测试的测点布置方案,分别提取了距离轨道 6m、12m、18m、24m 处(实测数据距离轨道最远点为 28m,本模型最远点选为 24m)垂向的地表振动加速度响应。图 3-13 给出了仿真结果同实测结果间的对比。

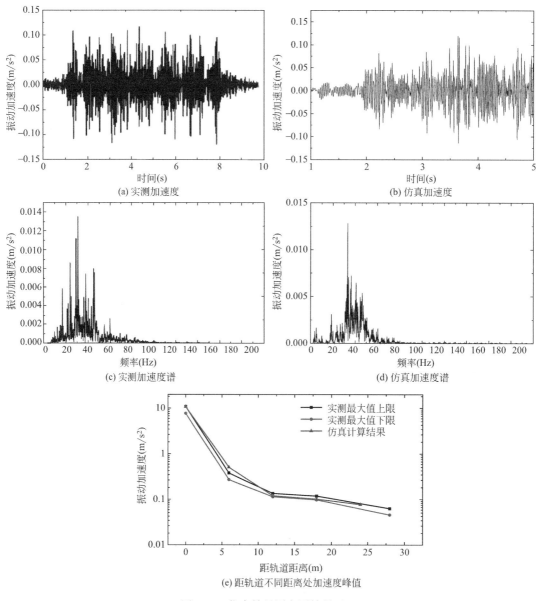

图 3-13 仿真结果同实测结果对比

对比仿真与实测得到的振动加速度时域曲线可知,二者的线型较为接近,且峰值基本相同;对比二者的振动加速度频域曲线可知,二者的振动加速度频谱能量均主要分布在 5~60Hz,且在 30Hz 附近存在一明显的峰值,整体来看二者频谱曲线的能量分布及峰值均较为相似;对比不同车次下距轨道不同距离处的地表振动加速度实测最大值的上下限范围及仿真分析时域峰值可知,仿真得到的地表各处振动加速度峰值均分布在实测所得的最大值范围之内,且仿真结果的地表各处振动衰减规律同实测结果也较为一致。整体来看,仿真分析结果与实测结果拟合效果较好，可以较为准确地模拟地铁诱发振动在土体中的传播规律。

3.2.5.3 地铁-大地-邻近结构振动特性验证

根据文献中提供的地勘资料以及相关计算条件，建立了相同条件下的车辆-轨道-大地-房建结构空间耦合动力学分析模型，其中土体相关参数及模型与前一节相同；房建结构为框架-剪力墙结构，采用箱形基础，地上三层，层高分别为5.5m、4.0m及5.0m，房建结构与轨道线路垂直距离为20.0m，房建结构示意图及测点布置情况如图3-14所示；轨道结构采用普通有砟轨道，轨道结构参数与上一节相同。计算时车速为50km/h。图3-15给出了各楼层振动加速度的现场实测结果及仿真分析结果。

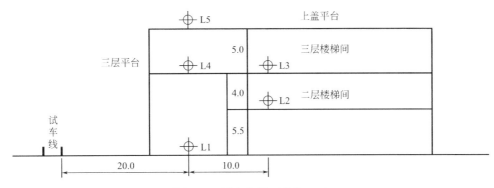

图 3-14 测点布置（单位：m）

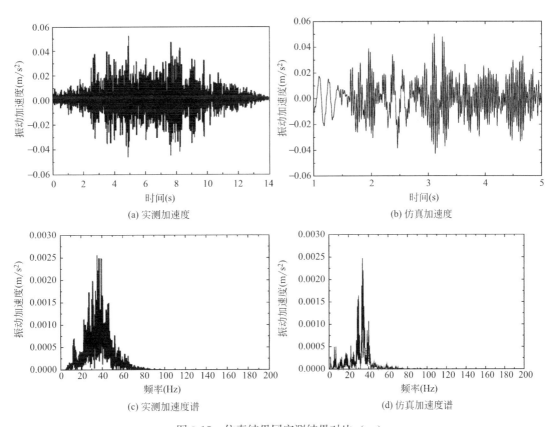

图 3-15 仿真结果同实测结果对比（一）

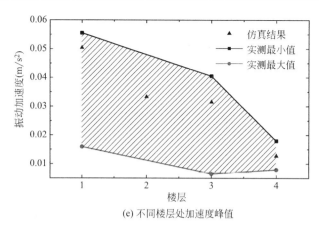

(e) 不同楼层处加速度峰值

图 3-15 仿真结果同实测结果对比（二）

对比仿真与实测得到的振动加速度时域曲线可知，二者的线型较为接近，且峰值基本相同；对比二者的振动加速度频域曲线可知，实测的振动加速度频谱能量均主要分布在 5～60Hz，仿真分析得到的振动加速度频谱能量主要集中在 0～40Hz，二者在 40～60Hz 频段内的振动能量存在一定差别，存在差别的主要原因可能在于仿真所选取的轨道不平顺谱与实际有一定差别；二者频谱峰值主要集中在 30～40Hz 附近，整体来看二者频谱曲线的能量分布及峰值均较为相似；对比不同车次下距轨道不同距离处的地表振动加速度实测最大值的上下限范围及仿真分析时域峰值可知，仿真得到的地表各处振动加速度峰值均分布在实测所得的最大值范围之内，且仿真结果的地表各处振动衰减规律同实测结果也较为一致。整体来看，仿真分析结果与实测结果拟合效果较好，可以较为准确地模拟地铁振动诱发的建筑结构振动规律。

3.2.5.4 地铁-建筑物合建结构（"线楼分离"）的振动特性验证

根据文献中提供的地勘资料以及相关计算条件，建立了相同条件下的地铁-建筑物合建结构空间耦合动力学分析模型，其中土体相关参数按照地勘资料选取，房建结构为框架-剪力墙结构，平台上首层为架空层，层高 5.55m，平台上共 14 层，每层层高 2.9m；轨道结构采用普通有砟轨道，轨道结构参数与上一节相同。计算时车速为 50km/h。图 3-16 给出了各楼层振动加速度的现场实测结果及仿真分析结果。

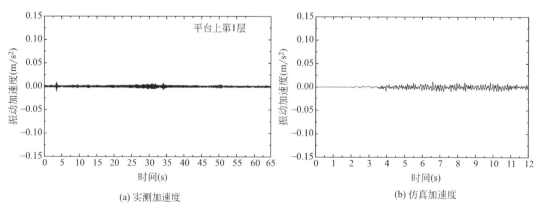

图 3-16 仿真结果同实测结果对比（一）

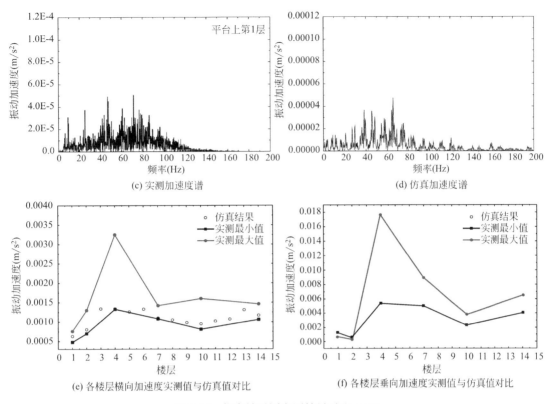

图 3-16 仿真结果同实测结果对比（二）

以平台首层的垂向振动时域及频域结果为例，对比结果可知，仿真结果与实测结果的时程曲线线型及峰值均较为接近，二者的频域曲线也较为接近，二者的振动能量均集中在 100Hz 以下，且二者主振频率均在 40~70Hz，整体来看二者频谱曲线的能量分布及峰值均较为相似；对比不同车次下各楼层的横向及垂向振动加速度实测值的上下限范围及仿真结果可知，仿真得到的各楼层振动加速度峰值均分布在实测值范围之内，且峰值的分布规律同实测最小值的分布规律也较为接近。整体来看，仿真分析结果与实测结果拟合效果较好，可以较为准确地模拟地铁振动诱发的建筑结构振动规律。

4 城市轨道交通侧穿加油站实际案例分析

4.1 工程背景

4.1.1 区间工程概况

盾构区间全长2208.186m（左线里程K43+931.237～K46+139.423），左右线线间距最小处约为4.4m，最大处为21.63m，共设置3处联络通道。

盾构区间左线出盾构始发井后自南向北以2.07‰的纵坡下坡，然后在里程左K43+998.500处，变为以17.7‰的纵坡继续下坡，最后在里程左K44+900.000处，变为以4.2‰的纵坡向上爬坡，在里程左K45+740.891处，变为以29‰的纵坡继续爬坡进入盾构接收井。

盾构区间为单线单洞标准圆形断面，盾构隧道衬砌外径8800mm，内径7900mm。衬砌环宽度1600mm，厚度450mm。衬砌环由1块封顶块F、2块邻接块L、5块标准块B组成，封顶块、邻接块及标准块均采用钢筋混凝土制作。

4.1.2 加油站概况

中国石化销售股份有限公司北京丰台丽泽东路加油站为二级加油站，有卸油和加油油气回收系统。站区地下油库，设4个汽油罐，1个柴油罐，容积均为30m^3（表4-1）。

加油站设备参数表　　　　　表4-1

位号	名称	介质	参数	备注
V1Q8	汽油罐	98#	30m^3	单层更新
V2Q5	汽油罐	95#	30m^3	
V3Q2	汽油罐	92#	30m^3	
V4Q2	汽油罐	92#	30m^3	
V5C0	柴油罐	0#	30m^3	
J01	加油机	92#、98#	双油品四枪	更新
J02	加油机	92#、95#	双油品四枪	
J03	加油机	92#、95#	双油品四枪	
J04	加油机	0#、95#	双油品双枪	

4.1.3 相对位置关系

草桥至丽泽金融商务区区间盾构段主体结构邻近侧穿中国石化销售股份有限公司北京

4 城市轨道交通侧穿加油站实际案例分析

丰台丽泽东路加油站（里程范围：K46+029～K46+071）。区间结构覆土厚度约15.7m，与加油站地下油库最小水平距离约7.83m，竖向净距约10.23m，最小斜距约14.67m（图4-1、图4-2）。风险等级为一级。

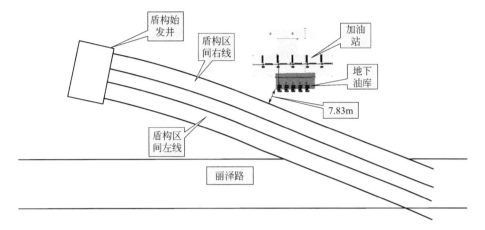

图4-1 加油站与地铁平面相对位置关系图

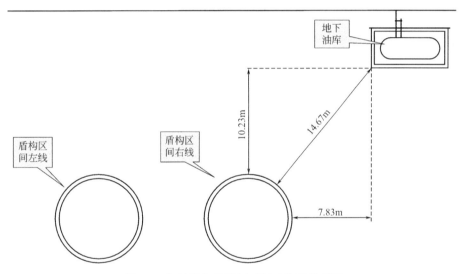

图4-2 加油站与地铁剖面相对位置关系图

根据前期专家咨询意见以及《汽车加油加气加氢站技术标准》（GB 50156—2021）的相应规定，加油站油罐与盾构始发井的距离不应小于50m。设计资料显示，盾构始发井距加油站设计水平距离约81m，满足规范限值并具有一定安全富裕量。

4.1.4 专项保护措施

盾构施工阶段保护措施：区间穿越地层主要为卵石5、7层，拱顶已没入地下水（地下水位标高按28m考虑），目前以洞内措施为主（盾构姿态控制、同步注浆、二次注浆、加强管片），无洞外措施。

运营阶段减振措施：由于项目间距较小，隧道施工过程中引起地表与建筑结构沉降，可能影响油库的安全使用，且新机场线运行后引起隧道振动，新机场线线路使用钢弹簧浮置板减振轨道，可以减小振动约 20dB。

钢弹簧浮置板轨道是一种特殊的减振轨道结构形式，由道床板、钢弹簧隔振器、剪力铰、横向限位装置、密封条、钢轨及扣件等组成。它将具有一定质量与刚度的混凝土道床板置于钢弹簧隔振器上，构成质量-弹簧隔振系统。其固有频率低，相比于其他轨道减振形式具有更好的减振效果，目前主要应用于地铁及城市高架线路中。车辆作用在钢轨上的力传递给浮置于钢弹簧隔振器上的道床板，道床板提供足够惯性质量以抵消车辆产生的动荷载，只有静荷载和少量残余动荷载会通过弹性支承传递到下部基础。道床板受力后，在惯性作用下将受到的力经过重新分配后传递给固定在基础垫层上的隔振器，再通过隔振器传递到下部基础，在此过程中由隔振器进行调谐、滤波、吸收能量，达到隔振减振的目的。

4.2 工程地质及水文地质情况

本节主要搜集并整理该加油站区域附近的工程地质条件及水文地质条件，并对场地土的相关地质参数等开展地勘测试，获取相关地层结构分布特征及参数。

4.2.1 工程地质

4.2.1.1 地层分布

北京市轨道交通新机场线草桥—丽泽金融商务区区间工程地质单元位于古漯水河道，地层以较厚的卵石层为特征。根据本次勘察所揭示的地层情况，勘探深度内所揭露地层从新到老详细分述如下：

1. 人工填土层（Q^{ml}）

杂填土①层：杂色，湿，松散，以砖渣、石块为主，含大量建筑垃圾、炉渣，部分表层为混凝土地面，部分位置存在生活垃圾；

粉土素填土①$_1$层：黄褐色，稍湿～湿，含少量碎石、砖渣等杂物；

粉质黏土素填土①$_2$层：黄褐色～褐色，稍湿～湿，可塑，含少量碎石、砖渣等杂物；

卵石填土①$_3$层：杂色，湿，仅局部存在，且厚度较小；

该大层连续分布，层厚 1.20～7.00m，层底标高 36.74～40.87m。

2. 新近沉积地层（Q_4^{2+3al}）

砂质粉土黏质粉土②层：黄褐色～褐黄色，稍湿～湿，中密～密实，$E_{P0+100}=4.5$～9.4MPa，中高压缩性～中压缩性，含云母、氧化铁，分布不连续；

粉质黏土②$_1$层：黄褐色～褐黄色，可塑，$E_{P0+100}=2.7$～6.5MPa，高压缩性～中高压缩性，含云母、氧化铁，分布不连续；

泥炭质粉质黏土②$_2$层：黑灰色，可塑，$E_{P0+100}=2.4$MPa，高压缩性，有机质含量 14.0%，仅局部钻孔揭露；

粉细砂②$_3$层：黄褐色～褐黄色，湿，稍密～中密，$N=15$～28击，中低压缩性，含云母、氧化铁，分布较连续；

中粗砂②$_4$层：褐黄色，湿，密实，$N=31$击，低压缩性，含云母、氧化铁，分布较连续；

圆砾卵石②$_5$层：杂色，湿，密实，$N_{63.5}=23$～63击，低压缩性，根据钻探资料结合初勘报告中人工探井资料，一般粒径 10~50mm，最大粒径不小于 200mm，亚圆形，粗砂充填，粒径大于 2mm 颗粒质量超过总质量 70%，分布连续；

该大层连续分布，层厚 3.60~10.20m，层底标高 29.99~33.62m。

3. 第四系冲洪积层（Q_4^{al+pl}）

卵石⑤层：杂色，湿，密实，$N_{63.5}=56~84$ 击，低压缩性，根据钻探资料结合初勘报告中人工探井资料，一般粒径 50~100mm，最大粒径不小于 300mm，亚圆形，粗砂充填，粒径大于 20mm 颗粒质量超过总质量 65%，分布连续；

中粗砂⑤$_1$ 层：褐黄色，湿，密实，低压缩性，含云母，分布不连续，仅局部存在；

粉细砂⑤$_2$ 层：褐黄色，湿，中密~密实，$N=27~35$ 击，低压缩性，含云母，分布不连续，仅局部存在；

砂质粉土⑤$_3$ 层：褐黄色，湿，密实，$E_{P0+100}=11.8~14.2$MPa，中低压缩性，含氧化铁，分布不连续，仅局部存在；

粉质黏土⑤$_4$ 层：褐黄色，可塑，中压缩性，含云母、氧化铁，分布不连续，仅局部分布；

该大层连续分布，层厚 5.20~10.00m，层底标高 22.87~26.10m。

卵石⑦层：杂色，湿~饱和，密实，$N_{63.5}=63~125$ 击，低压缩性，根据钻探资料结合初勘报告中人工探井资料，一般粒径 80~120mm，最大粒径不小于 400mm，亚圆形，粗砂充填，粒径大于 20mm 颗粒质量超过总质量 65%，分布连续；

中粗砂⑦$_1$ 层：褐黄色，湿~饱和，密实，$N=40~42$ 击，低压缩性，含云母，分布不连续，仅局部存在；

粉细砂⑦$_2$ 层：褐黄色，湿~饱和，密实，$N=30~48$ 击，低压缩性，含云母，分布不连续，仅局部存在；

黏质粉土⑦$_3$ 层：褐黄色，湿，中密~密实，$E_{P0+100}=9.4~13.3$MPa，中~中低压缩性，含云母、氧化铁，分布不连续，仅局部存在；

粉质黏土⑦$_4$ 层：褐黄色，可塑，中压缩性，$E_{P0+100}=10.2~10.6$MPa，中压缩性，含云母、氧化铁，分布不连续，仅局部存在；

该大层连续分布，层厚 8.80~13.40m，层底标高 10.87~14.95m；

卵石⑨层：杂色，饱和，密实，$N_{63.5}=71~167$ 击，低压缩性，一般粒径 80~120mm，最大粒径不小于 260mm，亚圆形，粗砂充填，粒径大于 20mm 颗粒质量超过总质量 65%，分布连续；

中粗砂⑨$_1$ 层：褐黄色，饱和，密实，$N=56~61$ 击，低压缩性，含云母，分布不连续；

该大层连续分布，层厚 3.00~12.00m，层底标高 0.60~9.91m；

卵石⑪层：杂色，饱和，密实，$N_{63.5}=100~250$ 击，低压缩性，一般粒径 80~130mm，最大粒径不小于 260mm，亚圆形，粗砂充填，粒径大于 20mm 颗粒质量超过总质量 70%，分布连续；

中粗砂⑪$_1$ 层：褐黄色，饱和，密实，$N=55~63$ 击，低压缩性，含云母，分布不连续。

钻孔未穿透此层。

4. 古近纪沉积岩

泥岩⑭层：棕红色，湿，全风化~强风化，低压缩性土，岩心天然单轴抗压强度为

0.3～1.4MPa，为极软岩，胶结中等～差，含少量云母及中粗砂粒，局部含少量砾石；

砾岩⑭$_1$层：杂色，全风化～强风化，湿，$N_{63.5}=125\sim250$ 击，岩心天然单轴抗压强度为 0.7～4.7MPa，为极软岩，成岩性较差，钻孔中岩心多风化为砾石碎块，为半胶结～弱胶结的极软岩，胶结物以黏粒组为主，局部为砂粒；

砂岩⑭$_2$层：杂色，全风化～强风化，湿，属极软岩，细粒结构，块状构造，岩芯呈短柱状、碎块状、部分砂粒状。

钻孔未穿透此层。

4.2.1.2 不良地质与特殊地质

根据现场踏勘和前期资料搜集分析，对于可能存在的不良地质作用使地面沉降及断裂等风险，本节从区域地面沉降历史结果、砂土液化及地层断裂风险等级等角度开展调研。

4.2.1.3 区域地面沉降

拟建线路主要位于北京市西郊及西南郊，地层岩性以砂、卵砾石为主，图 4-3 中给出了北京市平原地区 1955—2016 年的累计沉降量图。

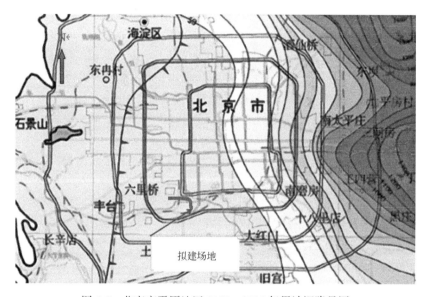

图 4-3 北京市平原地区 1955—2016 年累计沉降量图

4.2.1.4 砂土液化

拟建线路场地地震烈度为 8 度，设计地震分组第二组，当地下水位按抗浮设防水位地面下 3.8m 考虑时，场地地面下 20m 深度范围内粉土、砂土不液化。详见表 4-2。

液化判别计算表（8 度）[按《城市轨道交通结构抗震设计规范》(GB 50909—2014)]　表 4-2

层号	孔号	标贯深度 d_s (m)	抗浮水位 d_w (m)	黏粒含量 ρ_c (%)	标贯基准值 N_0	标贯临界值 N_{cr}	标贯实测值 N	液化判别
2-3	CL-06	5.3	3.8	3.0	12	13.3	31	不液化
2-0	CL-06	4.1	3.8	8.3	12	6.8	21	不液化
2-3	CL-10	5.45	3.8	3.0	12	13.5	28	不液化

续表

层号	孔号	标贯深度 d_s (m)	抗浮水位 d_w (m)	黏粒含量 ρ_c (%)	标贯 基准值 N_0	标贯 临界值 N_{cr}	标贯 实测值 N	液化判别
2-3	CL-11	3.65	3.8	3.0	12	10.6	22	不液化
2-3	CL-13	6.65	3.8	3.0	12	15.1	16	不液化
2-0	CL-23	4.15	3.8	9.6	12	6.4	24	不液化
2-3	CL-23	6.15	3.8	3.0	12	14.4	30	不液化
2-0	CL-24	5.6	3.8	8.3	12	8.2	27	不液化
5-2	CL-24	13.65	3.8	3.0	12	21.6	34	不液化
2-3	CL-26	4.65	3.8	3.0	12	12.3	25	不液化
2-3	CL-27	4.55	3.8	3.0	12	12.1	24	不液化
2-4	CL-29	8.35	3.8	3.0	12	17.0	31	不液化
2-3	CL-33	6.15	3.8	3.0	12	14.4	34	不液化
2-0	CL-35	4.95	3.8	8.6	12	7.5	23	不液化
2-3	CL-36	5.15	3.8	3.0	12	13.0	22	不液化
2-3	CL-36	4.65	3.8	3.0	12	12.3	29	不液化
2-3	CK01	5.35	3.8	3.0	12	13.3	17	不液化
2-3	CK01	6.35	3.8	3.0	12	14.7	18	不液化
2-3	CK07	5.65	3.8	3.0	12	13.8	17	不液化
5-3	CK08	13.15	3.8	6.4	12	14.5	19	不液化
2-3	CK11	4.95	3.8	3.0	12	12.7	17	不液化
2-3	CK02	5.25	3.8	3.0	12	13.5	17	不液化

按设计要求，拟建线路场地地震烈度按 9 度判别时，场地地面下 20m 深度范围内粉细砂②₃层、砂质粉土⑤₃层存在液化现象，液化等级轻微。

4.2.1.5 断裂

本工程沿线及附近断裂较发育，其中线路在里程 K45+400 附近通过顺义—前门—良乡隐伏断裂。根据《北京市轨道交通新机场线（草桥—丽泽金融商务区）工程建设用地地质灾害危险性评估报告》结论，此断裂为非活动断裂。

本场地结构范围内土层主要为圆砾卵石②₅层、卵石⑤层、卵石⑦层、卵石⑨层、卵石⑪层，卵石层厚度达几十米。从野外钻探、现场调查来看，卵石层一般粒径 30～120mm，含漂石，最大粒径不小于 400mm；通过点载荷试验得出，卵石层中卵石的平均饱和抗压强度在 62.9～116.4MPa。巨厚卵石层其黏聚力几乎为零，且部分呈饱水状态，自稳能力差，作为明挖基坑侧壁土层时，易于坍塌；矿山法施工不易形成自然应力拱，施工过程中容易发生塌落、坍塌；盾构通过富水卵砾石层，含漂石，是力学不稳定地层，易造成较大地层损失，盾构法施工通过卵石层地段时，由于卵石的硬度较大，可导致盾构机的刀盘过度磨损，造成盾构机异常停机等。需选用适宜的盾构刀具，采用低转速等措施，以减少刀具磨损。

4.2.1.6 抗震设防

根据《建筑工程抗震设防分类标准》(GB 50223—2008) 的规定，城市轨道交通的枢纽建筑及其供电、通风设施，抗震设防类别应划为重点设防类（简称乙类），相应地，抗震措施应按高于本地区抗震设防烈度一度的要求加强其抗震措施。地基基础的抗震措施，应符合有关规定，同时应按本地区抗震设防烈度确定其地震作用。据此，北京市轨道交通新机场线工程草桥—丽泽金融商务区区间结构抗震设防类别为重点设防类。

根据《中国地震动参数区划图》(GB 18306—2015)，拟建场地对应的Ⅱ类场地条件下的地震动峰值加速度为 0.20g，反应谱特征周期为 0.40s。本工程场地类别为Ⅱ类，反应谱特征周期为 0.40s。

根据《建筑抗震设计规范》(GB 50011—2010)(2016 年版)，拟建场区抗震设防烈度为 8 度，设计基本地震加速度值为 0.20g，设计地震分组为第二组。

4.2.2 水文地质

拟建线路约在 K44+670 处下穿莲花河（凉水河），交角约 85°。莲花河为凉水河支流，拟建场地范围内河宽约 40m，有衬砌，本次勘察期间河水水面标高约为 36.75m，水深约 0.5~1.0m，河底及河岸修有衬砌，地表水与潜水（二）水力联系弱。

拟建线路本次勘察 30m 深度内存在一层地下水，为潜水（二）。本次潜水（二）对比初勘期间水位标高略有上升。本次勘察期间未见上层滞水（一），但因季节降水及管线渗漏情况，不排除局部存在上层滞水（一）。具体情况见表 4-3、表 4-4。

初勘期间地下水特征表（2018.11） 表 4-3

地下水性质	观测钻孔编号	静止水位 埋深(m)	静止水位 标高(m)	观测时间	含水层
潜水(二)	CK01	23.20	20.27	2018.11.30	卵石⑦层、中粗砂⑦$_1$层、粉细砂⑦$_2$层、卵石⑨层、粉细砂⑨$_2$层、卵石⑪层、中粗砂⑪$_1$层
	CK07	22.02	20.33	2018.11.20	

本次勘察期间地下水特征表（2020.5—2020.6） 表 4-4

地下水性质	观测钻孔编号	静止水位 埋深(m)	静止水位 标高(m)	观测时间	含水层
潜水(二)	CL-06	22.00	21.22	2020.5.7	卵石⑦层、中粗砂⑦$_1$层、粉细砂⑦$_2$层、卵石⑨层、粉细砂⑨$_2$层、卵石⑪层、中粗砂⑪$_1$层
	CL-19	21.24	21.15	2020.6.7	
	CL-31	21.36	20.94	2020.6.6	

莲花河河水：拟建场地环境类型按Ⅰ类考虑时，对混凝土结构具微腐蚀性，拟建场地环境类型按Ⅱ类考虑时，对混凝土结构具微腐蚀性；对钢筋混凝土结构中的钢筋在长期浸水条件下具微腐蚀性，在干湿交替条件下具弱腐蚀性。

潜水（二）：拟建场地环境类型按Ⅰ类考虑时，对混凝土结构具微腐蚀性，场地环境类型按Ⅱ类考虑时，对混凝土结构具微腐蚀性；对钢筋混凝土结构中的钢筋在长期浸水条件下具微腐蚀性，在干湿交替条件下具弱腐蚀性。

4.3 加油站结构振动类比测试评估

本节主要对待评估的中石化加油站振动安全性开展测试评估。振动安全性评估方面，通过对工程条件、地质条件等具有一定相似性的右安门加油站、玉泉营加油站开展地铁运营条件下的结构振动测试，以类比评估的方式为本项目的振动评估提供相关参考及依据。

4.3.1 测试概况

根据北京市轨道交通新机场线的地质条件和已开通运营的线路情况，以及大量的调研走访，选取了工况类似的工点。此次类比测试选取的工点主要包括：右安门外站协和加油站（简称"右安门加油站"）、中石化玉泉营加油站（简称"玉泉营加油站"）。

右安门外地下地铁车站主体结构在右线 K38+616.059～右线 K38+363.579 里程旁穿协和加油站，加油站储油库与上层导洞竖向距离约 2.4m，储油库围护桩边线与车站上层导洞边线水平距离约 2.3m。地下油库采用钢筋混凝土结构，底埋深 5.0m，右安门外站顶板覆土约 8.0m，底板埋深约 23.0m，采用洞桩法施工，贴近油库，整个穿越过程施工难度大，施工风险较高，为一级风险源。平面相对位置关系如图 4-4 所示，横剖面相对位置关系如图 4-5 所示。

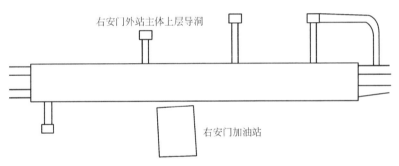

图 4-4 地铁车站和地下油罐平面相对位置关系图

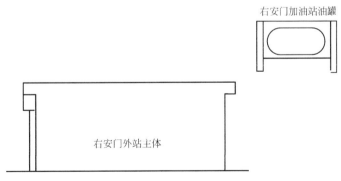

图 4-5 地下油罐横剖面相对位置关系图

北京市轨道交通新机场线新发地—草桥区间施工过程中下穿玉泉营加油站（二级站）及其地下油库，其穿越里程范围分别为右线 K35+439～右线 K35+504（65m），左线 K35

+443～左线K35+508（65m）。其区间覆土约8.9m，埋深约15.0m，地下油库采用钢筋混凝土结构、筏板基础，底埋深4.8m，采用盾构法施工，外径6.4m，隧道拱顶距离油库底板约4.0m，贴近油库，整个穿越过程施工难度大，施工风险较高，为一级风险源。盾构下穿位置关系及油罐尺寸如图4-6所示，加油站及施工区间位置关系如图4-7所示，加油站现场如图4-8所示。

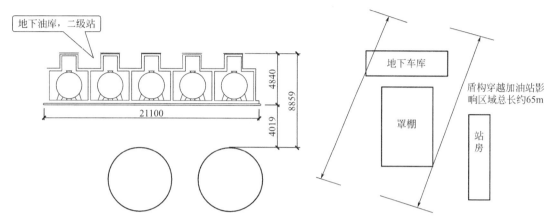

图4-6 盾构隧道和地下油罐纵断面位置关系图　　图4-7 加油站及施工区间位置关系图

图4-8 加油站现场示意图

北京市轨道交通新机场线草桥—丽泽金融商务区区间盾构侧穿中国石化销售股份有限公司北京丰台丽泽东路加油站（简称"中石化加油站"），里程范围：K46+029～K46+071，最小水平距离约7.83m，竖向净距约10.23m，最小斜距约14.67m，区间穿越地层主要为卵石5、7层，拱顶已没入地下水（地下水位标高按28m考虑），风险等级为一级。

4.3.1.1 测试目的

依据项目要求,为了掌握北京市轨道交通新机场线工程草桥—丽泽金融商务区区间侧穿中石化加油站的振动水平,根据相关标准通过类比测试方法开展对标分析,通过类比测试的方法研究北京市轨道交通新机场线的振动水平。同时,还针对加油站区域结构振动进行了测试,旨在掌握既有条件下加油站结构的本底振动水平,为后续相关评估工作提供基础性资料和研究依据。

4.3.1.2 测点布置方案

根据相关标准以及以往测试经验,同时结合现场的实际道路、建筑的实际布局,最终选取了以下位置布置振动传感器测点:

玉泉营加油站,本次测试测点布置分为加油站和地下油库两部分(图4-9),其中:加油站测点布置于加油站立柱旁边,测点编号分别为1、2、3、4、5、6;地下油库测点沿长度方向布置于油库,测点编号分别为7、8、9、10、11。

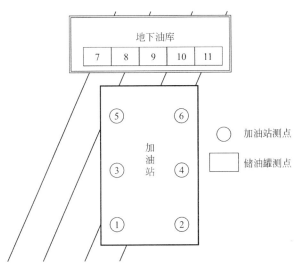

图4-9 玉泉营加油站测点布置

右安门加油站,本次测试测点布置分为加油站和地下油库两部分(图4-10),其中:加油站测点布置于四个立柱旁边,编号分别为1、2、3、4;地下油库测点沿长度方向布置于油库,编号分别为5、6、7、8。

中石化加油站,本次测试测点布置分为加油站总体的前后四个立柱,共八个测点。测点编号分别为1、2、3、4、5、6、7、8(图4-11)。

4.3.1.3 测试所用设备

本次测试采用设备包括振动加速度传感器、振动速度的传感器和数据采集仪。

加油站采用智能无线数据采集仪,在采集振动信号的同时可持续存储数据,传感器之间无须连线,并可通过GPS技术实现多台仪器同步采集,精度较高,见图4-12。本次测试采用专业的振动采集设备INV9580A无线数据采集仪进行振动测试,可以实现全天候任意时长的振动测试。INV9580A无线采集仪是双通道24位双核分布式采集仪,采集器与传感器一体化设计,支持仪器内部的数据不间断采集与存储。该分布式传感器通过GPS、

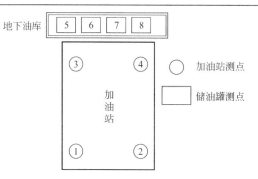

图 4-10 右安门加油站测点布置

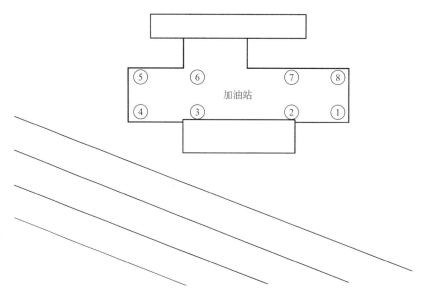

图 4-11 中石化加油站测点布置

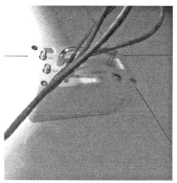

图 4-12 数据采集仪

无线 Wi-Fi 网络等实现采集仪间的数据同步，取代了以往连线方式，可以最大程度降低数据采集过程中对行人及测试环境的影响。振动传感器可以通过选择不同挡位实现不同量程的振动位移、振动速度及振动加速度采集，频响范围为 0.17～200Hz。

测试完成后，在东方所专业软件 DASP 中进行测试数据分析处理（图 4-13）。

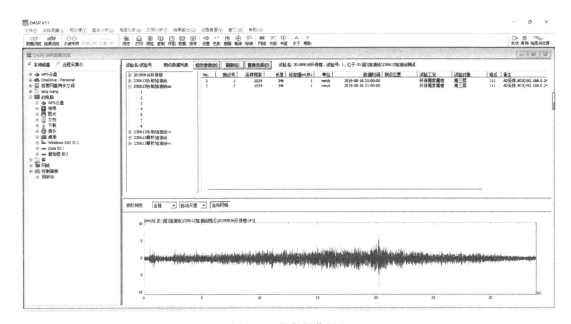

图 4-13　软件操作界面

4.3.2　加油站振动类比测试

4.3.2.1　数据分析方法

评估过程中，主要从时域、频域、1/3 倍频程和 Z 振级上分析了加油站的加速度和速度值。

选取了加油站的关键点进行了数据分析。选取了右安门加油站的测点 1、2、3、4、6、8，其中 1、2、3、4 分别对应了加油站四个角的立柱，测点 1、3 是近轨段断面，测点 2、4 是远轨段断面，测点 6、8 是油库结构的测点。玉泉营加油站选取了测点 1、2、3、4、7、11 进行分析，其中 1、2、3、4 分别对应了加油站四个角的立柱，测点 1、3 是近轨段断面，测点 2、4 是远轨段断面，测点 7、11 是油库两端的测点。

在时域上列举了各加油站各测点的波形图，并统计了各个车次的最大加速度和速度峰值。在频域上利用所测得时域数据进行傅里叶变化（FFT），分析点数与采样点数保持一致，以保证分析结果的准确性。在对应指标的对应频率内，采用规范所规定的限值，利用所计算的幅值谱（PEAK 值）在频域上作对比，从而确定测试期间每一趟列车引起振动的超限情况。在 1/3 倍频程和 Z 振级上，统计分析了 Z 振级和分频最大振级并与规范值进行了对比分析。

4.3.2.2　右安门加油站振动测试结果

本节主要研究地铁通过时右安门加油站及油库各测点位置处的振动加速度、振动速度时频域曲线及振动评价指标情况等，并结合相关规范对各测点处的振动进行了对标分析。

1. 典型时域波形图

1）加速度曲线（图 4-14）

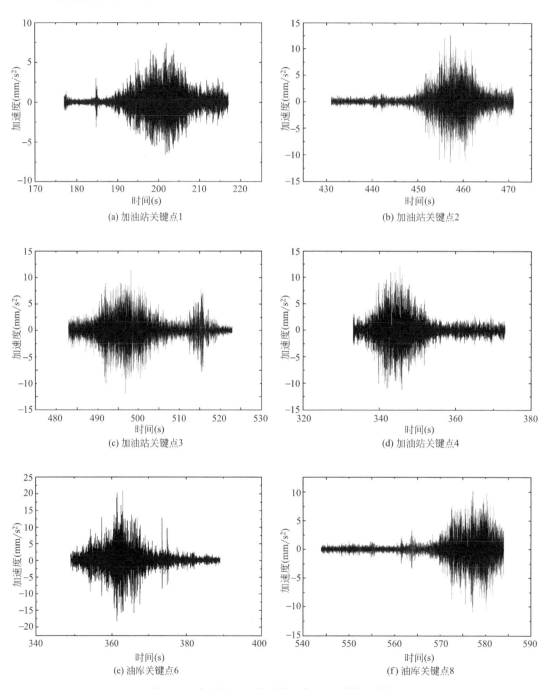

图 4-14　加油站及油库关键点加速度时域波形图

2）速度曲线（图 4-15）

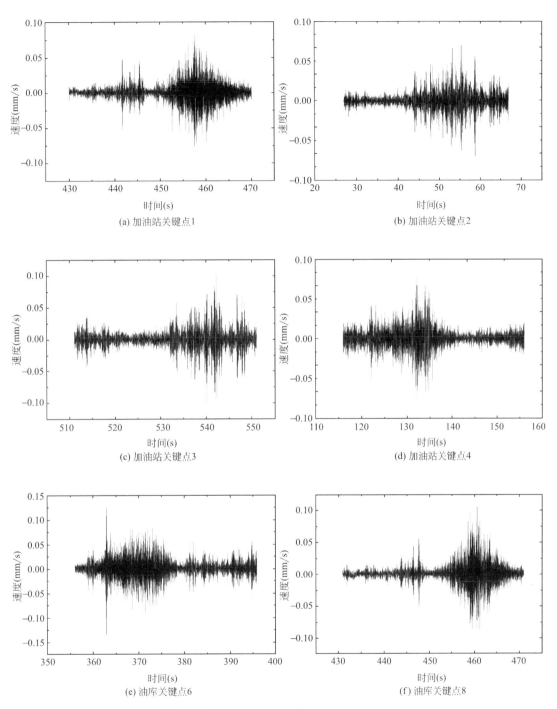

图 4-15　加油站及油库关键点速度时域波形图

2. 典型频域波形图（图 4-16）

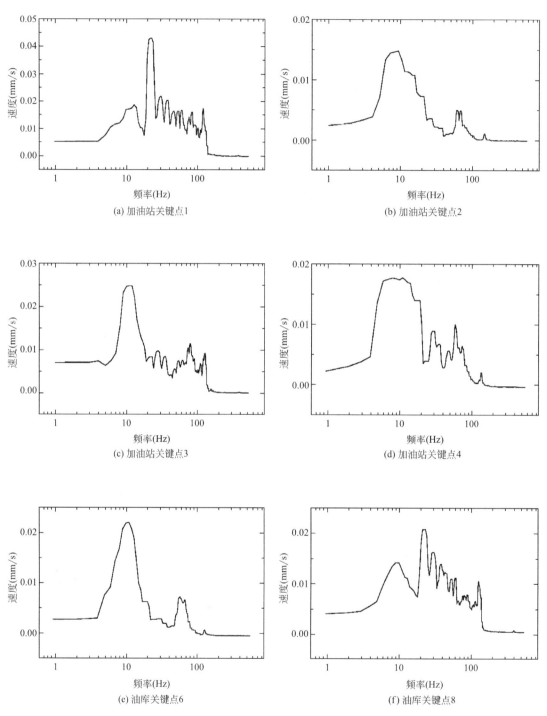

图 4-16 加油站及油库典型频域波形图

3. 典型1/3倍频程图（图4-17）

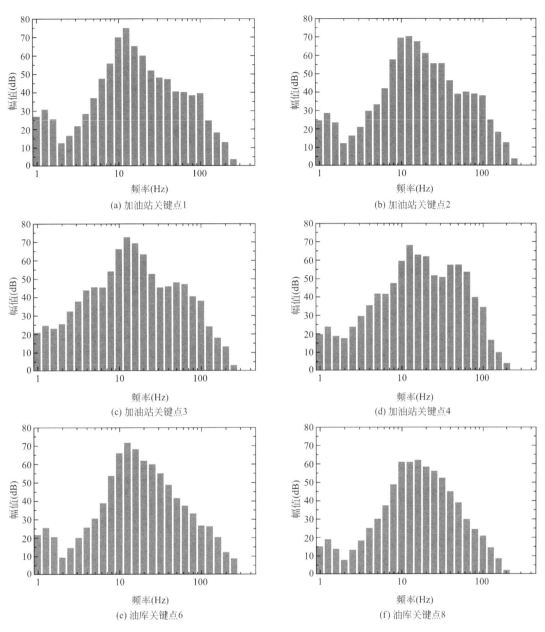

图4-17 加油站及油库典型1/3倍频程图

4. 各指标统计

统计地铁引起右安门加油站各测点的振动情况，并将其与相应标准进行对标，分析判断测试结果。地铁引起右安门加油站振动的各指标统计详见附录1。

1）时域指标统计

根据规范要求和实际类似工程经验，结合本工程实际特点，确定加油站及地下油库容许振动速度为2.5cm/s（图4-18、表4-5）。

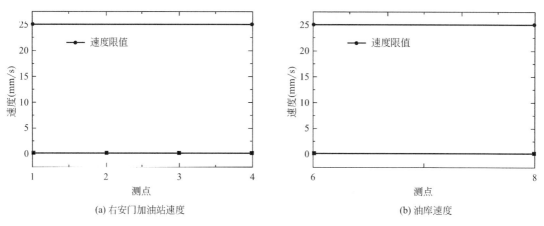

(a) 右安门加油站速度　　　　　　　　(b) 油库速度

图 4-18　时域速度对标结果

时域速度对标结果　　　　　　　　　　　　　　　表 4-5

结构	测点	最大值 （mm/s）	最小值 （mm/s）	平均值 （mm/s）	标准限值 （mm/s）
加油站	1	0.23	0.12	0.20	25
	2	0.18	0.07	0.12	25
	3	0.30	0.02	0.14	25
	4	0.22	0.12	0.18	25
油库	6	0.10	0.07	0.09	25
	8	0.20	0.06	0.09	25

地铁引起右安门加油站振动 1～20 列车测点 1 最大加速度为 25.37mm/s^2，测点 2 最大加速度为 39.58mm/s^2，测点 3 最大加速度为 25.72mm/s^2，测点 4 最大加速度为 23.61mm/s^2。地铁引起右安门加油站振动 1～20 列车测点 1 最大速度为 0.23mm/s，测点 2 最大速度为 0.19mm/s，测点 3 最大速度为 0.30mm/s，测点 4 最大速度为 0.22mm/s。

地铁引起油库振动 1～20 列车油库关键点测点 6 最大加速度为 22.06mm/s^2，测点 8 最大加速度为 32.15mm/s^2。20 列地铁列车通过下引起油库振动油库关键点测点 6 最大速度为 0.10mm/s，测点 8 最大速度为 0.20mm/s。

右安门加油站及油库的速度峰值均小于限值要求。

2）加油站结构振动速度峰值对标分析

（1）油库振动（图 4-19）

（2）加油站振动（图 4-20）

（3）对标分析

综合各指标发现，右安门加油站及油库在《建筑工程容许振动标准》（GB 50868—2013）下各测点不存在超标现象。

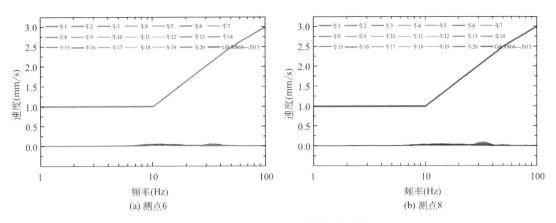

图 4-19 油库振动速度峰值对标结果

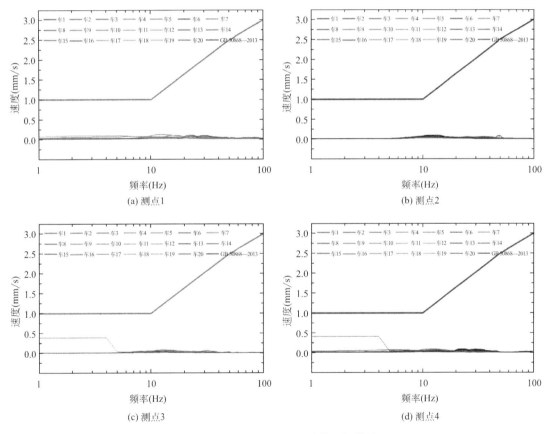

图 4-20 加油站振动速度峰值对标结果

3）加油站结构振动速度有效值对标分析
（1）油库振动（图 4-21）
（2）加油站振动（图 4-22）

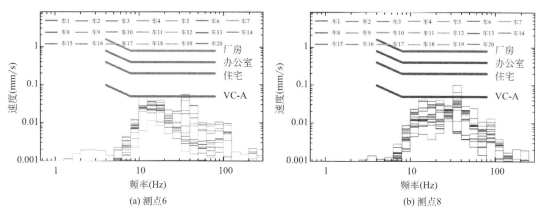

图 4-21 油库振动速度有效值对标结果

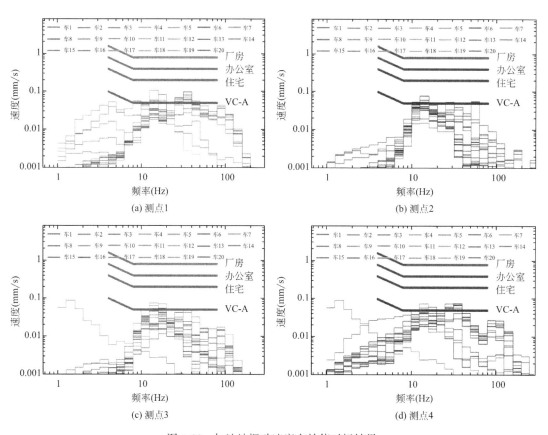

图 4-22 加油站振动速度有效值对标结果

（3）对标分析

按照 VC 评价方法中规定的厂房、住宅、办公室标准限值，本次分析条件下 1～100Hz 频段内均远小于规范中给定的限值。此外，VC 评价方法中规定的 VC-A 限值曲线本身适用于 400 倍光学显微镜等高精密仪器，根据分析结果可知，略微超过 VC-A 曲线，因此对于加油站结构而言，其振动满足相应振动速度有效值的安全评价标准。

4）加油站结构振动加速度 Z 振级对标分析（表 4-6）

Z 振级对标结果　　　　　　　表 4-6

结构	测点	最大值(dB)	最小值(dB)	平均值(dB)	标准限值(dB)
加油站	1	78.00	73.80	73.96	75.00
	2	79.79	70.11	73.61	75.00
	3	79.68	74.57	74.76	75.00
	4	75.77	68.27	70.86	75.00
油库	6	75.26	70.13	70.26	75.00
	8	77.96	72.54	72.55	75.00

（1）油库振动（图 4-23）

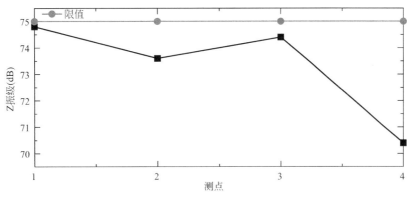

图 4-23　油库 Z 振级

（2）加油站振动（图 4-24）

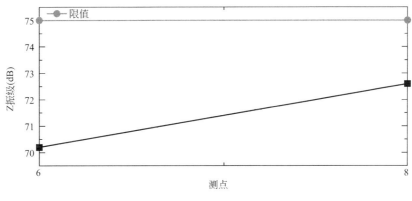

图 4-24　加油站 Z 振级

（3）对标分析

综合各指标发现，右安门加油站及油库在《城市区域环境振动标准》（GB 10070—1988）和《城市区域环境振动测量方法》（GB 10071—1988）下各测点按照 20 列车的平均 Z 振级分析，无超标现象。

5) 加油站结构振动加速度分频最大振级对标分析（表 4-7）

分频最大振级对标结果　　　　　　　　表 4-7

结构	测点	最大值(dB)	最小值(dB)	平均值(dB)	标准限值(dB)
加油站	1	75.27	68.67	68.88	75.00
	2	75.58	65.61	68.83	75.00
	3	77.41	69.57	69.86	75.00
	4	78.26	67.75	72.25	75.00
油库	6	72.66	65.99	66.21	75.00
	8	75.43	67.97	68.00	75.00

（1）油库振动（图 4-25）

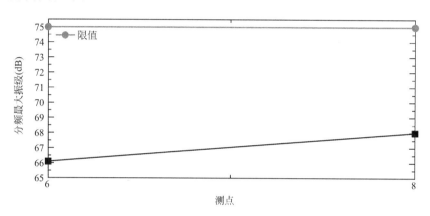

图 4-25　油库分频最大振级

（2）加油站振动（图 4-26）

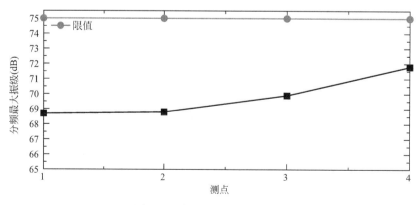

图 4-26　加油站分频最大振级

（3）对标分析

综合各指标发现，右安门加油站及油库在《城市轨道交通引起建筑物振动与二次辐射噪声限值及其测量方法标准》（JGJ/T 170—2009）下各测点按照 20 列车的平均分频最大振级分析，无超标现象。

4.3.2.3 玉泉营加油站测试结果

本节主要研究地铁通过时玉泉营加油站及油库各测点位置处的振动加速度、振动速度时频域曲线及振动评价指标情况等，并结合相关规范对各测点处的振动进行了对标分析。

1. 典型时域波形图

1）加速度曲线（图 4-27）

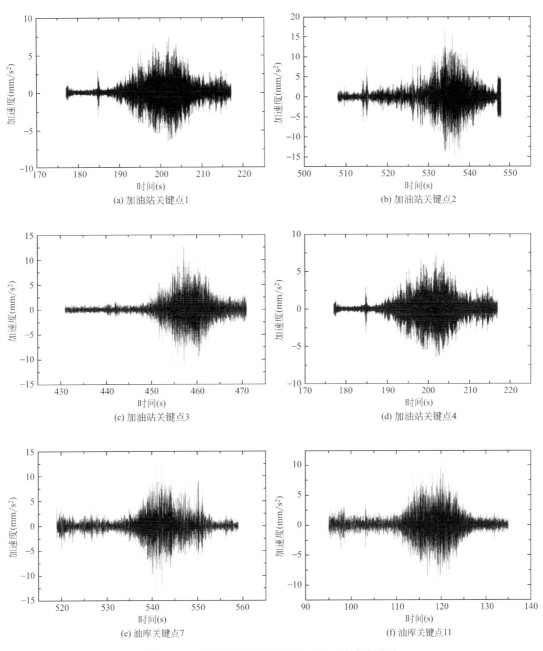

图 4-27 加油站及油库关键点加速度时域波形图

2）速度曲线（图 4-28）

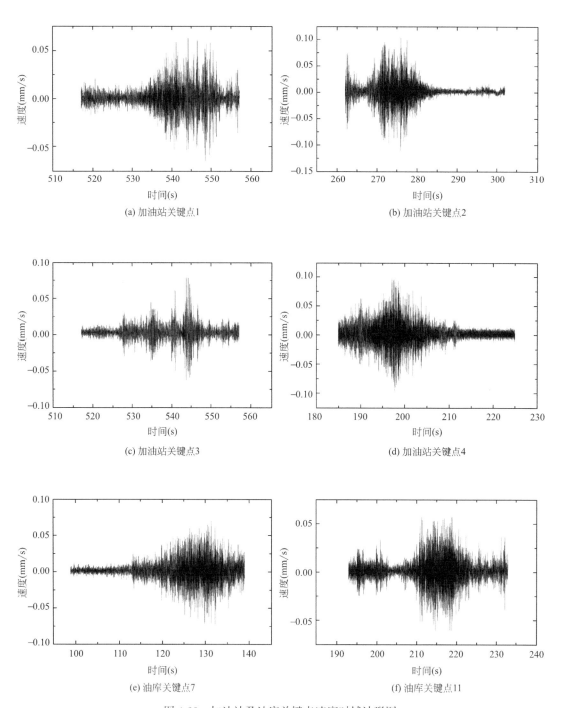

图 4-28　加油站及油库关键点速度时域波形图

2. 典型频域波形图（图 4-29）

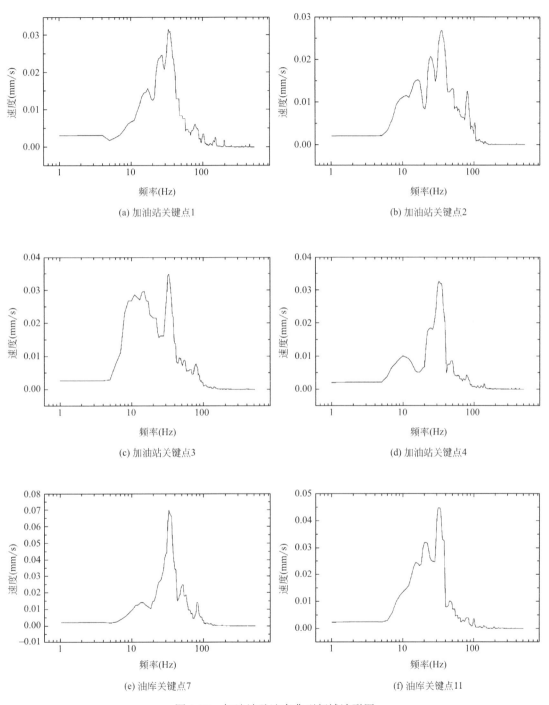

图 4-29 加油站及油库典型频域波形图

3. 典型 1/3 倍频程图（图 4-30）

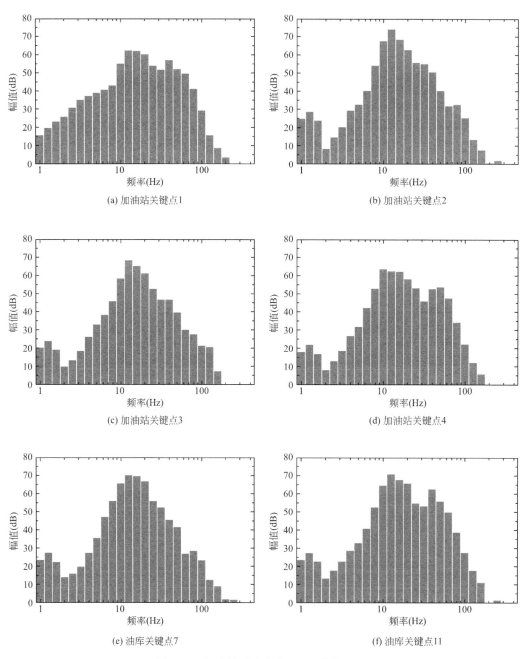

图 4-30 加油站及油库典型 1/3 倍频程图

4. 各指标统计

统计地铁引起玉泉营加油站各测点的振动情况，并将其与相应标准进行对标，分析判断测试结果。地铁引起玉泉营加油站振动的各指标统计详见附录2。

1）时域指标统计（图 4-31、表 4-8）

4 城市轨道交通侧穿加油站实际案例分析

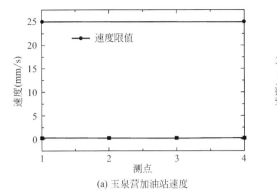
(a) 玉泉营加油站速度

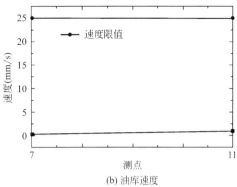
(b) 油库速度

图 4-31 时域速度对标结果

时域速度对标结果 表 4-8

结构	测点	最大值(mm/s)	最小值(mm/s)	平均值(mm/s)	标准限值(mm/s)
加油站	1	0.27	0.12	0.22	25
	2	0.27	0.06	0.14	25
	3	0.24	0.02	0.14	25
	4	0.31	0.11	0.18	25
油库	7	0.16	0.04	0.07	25
	11	0.14	0.04	0.8	25

地铁引起玉泉营加油站振动1～20列车测点1最大加速度为63.51mm/s^2，测点2最大加速度为51.15mm/s^2，测点3最大加速度为66.26mm/s^2，测点4最大加速度为48.03mm/s^2。地铁引起玉泉营加油站振动1～20列车测点1最大速度为0.27mm/s，测点2最大速度为0.20mm/s，测点3最大速度为0.19mm/s，测点4最大速度为0.31mm/s。

地铁引起油库振动1～20列车油库关键点测点7最大加速度为58.40mm/s^2，测点11最大加速度为56.39mm/s^2。20列地铁列车通过时引起油库振动油库关键点测点7最大速度为0.16mm/s，测点11最大速度为0.14mm/s。

玉泉营加油站及油库的速度峰值均小于限值要求。

2）加油站结构振动速度峰值对标分析

（1）油库振动（图4-32）

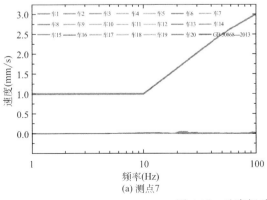
(a) 测点7

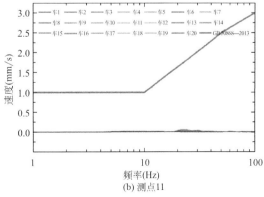
(b) 测点11

图 4-32 油库振动速度峰值对标结果

63

(2) 加油站振动（图 4-33）

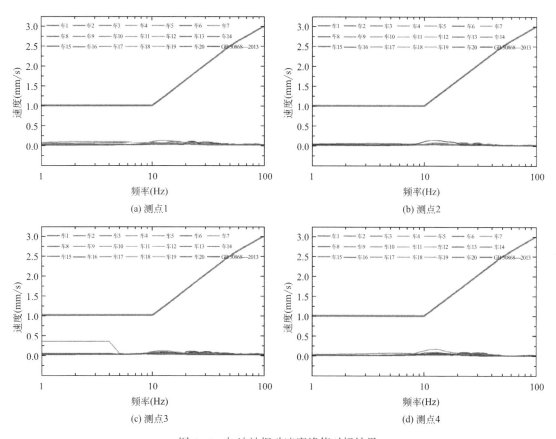

图 4-33 加油站振动速度峰值对标结果

(3) 对标分析

综合各指标发现，玉泉营加油站及油库在《建筑工程容许振动标准》（GB 50868—2013）下各测点不存在超标现象。

3) 加油站结构振动速度有效值对标分析

(1) 油库振动（图 4-34）

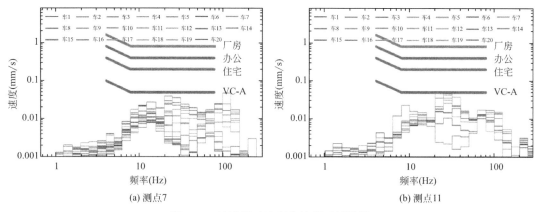

图 4-34 油库振动速度有效值对标结果

(2)加油站振动(图4-35)

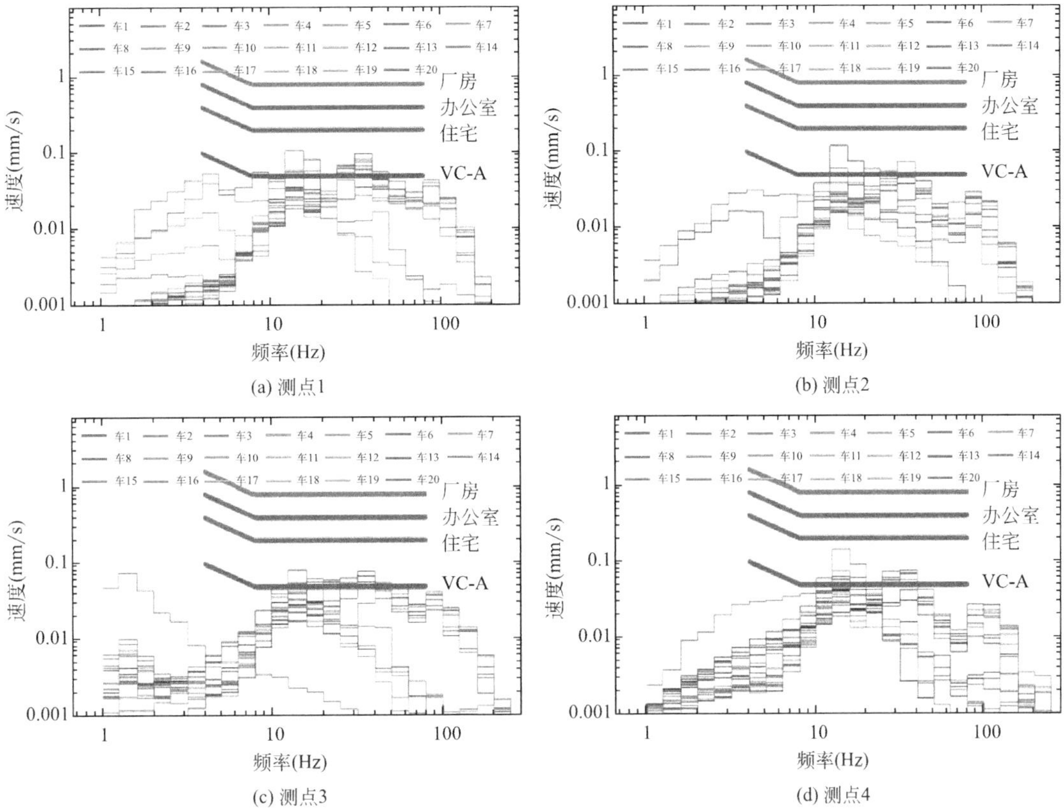

图4-35 加油站振动速度有效值对标结果

(3)对标分析

按照VC评价方法中规定的厂房、住宅、办公室标准限值,本次分析条件下1~100Hz频段内均远小于规范中给定的限值。此外,VC评价方法中规定的VC-A限值曲线本身适用于400倍光学显微镜等高精密仪器,根据分析结果可知,略微超过VC-A曲线,因此对于加油站结构而言,其振动满足相应振动速度有效值的安全评价标准。

4)加油站结构振动加速度Z振级对标分析(表4-9)

Z振级对标结果　　　　　　　　　　　　　　　　表4-9

结构	测点	最大值(dB)	最小值(dB)	平均值(dB)	标准限值(dB)
加油站	1	83.15	74.14	73.83	75.00
	2	78.87	73.58	73.46	75.00
	3	81.15	74.21	74.72	75.00
	4	81.06	73.94	73.69	75.00
油库	7	72.24	66.09	66.23	75.00
	11	74.95	68.88	68.67	75.00

(1)油库振动(图 4-36)

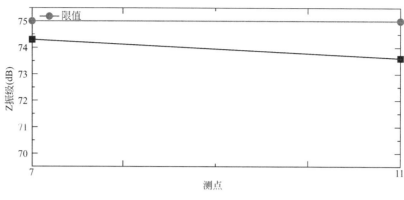

图 4-36 油库 Z 振级

(2)加油站振动(图 4-37)

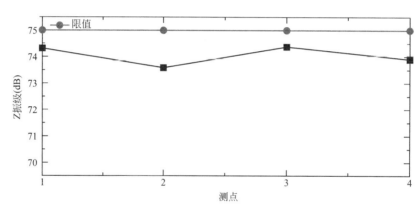

图 4-37 加油站 Z 振级

(3)对标分析

综合各指标发现,玉泉营加油站及油库在《城市区域环境振动标准》(GB 10070—1988)和《城市区域环境振动测量方法》(GB 10071—1988)下各测点按照 20 列车的平均最大 Z 振级分析,无超标现象。

5)加油站结构振动加速度分频最大振级对标分析(表 4-10)

分频最大振级对标结果　　　　　　　表 4-10

结构	测点	最大值 (dB)	最小值 (dB)	平均值 (dB)	标准限值 (dB)
加油站	1	77.18	68.35	67.97	75.00
	2	73.63	67.27	67.08	75.00
	3	75.96	70.63	71.02	75.00
	4	76.19	68.61	68.33	75.00

4 城市轨道交通侧穿加油站实际案例分析

续表

结构	测点	最大值（dB）	最小值（dB）	平均值（dB）	标准限值（dB）
油库	7	68.13	61.04	61.12	75.00
	11	71.03	63.81	63.52	75.00

（1）油库振动（图 4-38）

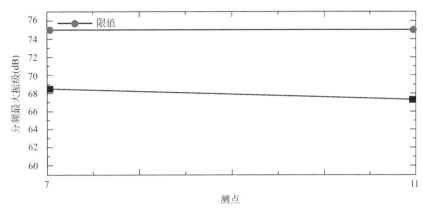

图 4-38 油库分频最大振级

（2）加油站振动（图 4-39）

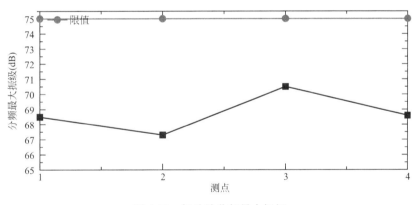

图 4-39 加油站分频最大振级

（3）对标分析

综合各指标发现，玉泉营加油站及油库在《城市轨道交通引起建筑物振动与二次辐射噪声限值及其测量方法标准》（JGJ/T 170—2009）下各测点按照 20 列车的平均分频最大振级分析，无超标现象。

4.3.2.4 中石化加油站本底振动测试结果

本节主要研究既有条件下，邻近交通主干道及其他交通荷载通过时中石化加油站及油库各测点位置处的振动加速度、振动速度时频域曲线及振动评价指标情况等，并结合相关规范对各测点处的振动进行了对标分析。

1. 典型时域波形图

1) 加速度曲线（图 4-40）

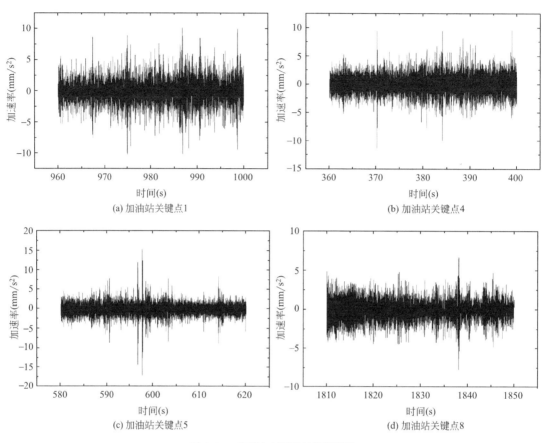

图 4-40 典型加速度时域波形图

2) 速度曲线（图 4-41）

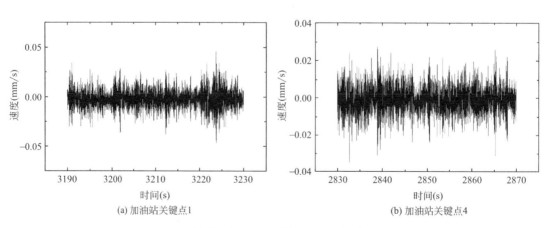

图 4-41 典型速度时域波形图（一）

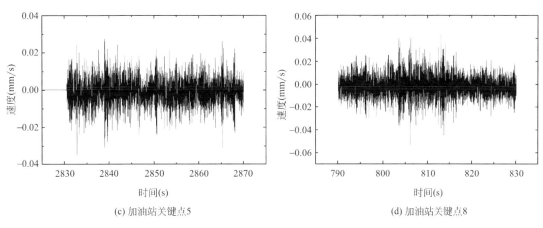

(c) 加油站关键点5

(d) 加油站关键点8

图 4-41　典型速度时域波形图（二）

2. 典型频域波形图（图 4-42）

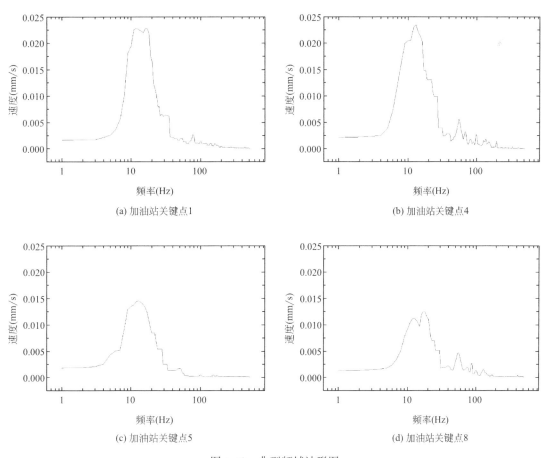

(a) 加油站关键点1

(b) 加油站关键点4

(c) 加油站关键点5

(d) 加油站关键点8

图 4-42　典型频域波形图

3. 典型1/3倍频程图（图4-43）

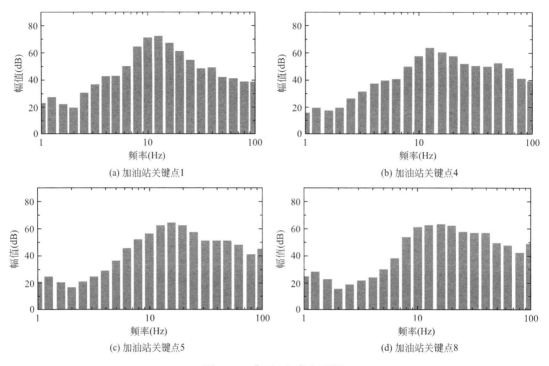

图 4-43　典型1/3倍频程图

4. 各指标统计

统计地铁引起中石化加油站各测点的振动情况，并将其与相应标准进行对标，分析判断测试结果。地铁引起中石化加油站振动的各指标统计详见附录3。

1）时域指标统计（图4-44、表4-11）

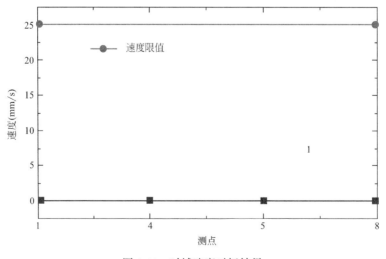

图 4-44　时域速度对标结果

4 城市轨道交通侧穿加油站实际案例分析

时域速度对标结果　　　　　　　　　　表 4-11

结构	测点	最大值 (mm/s)	最小值 (mm/s)	平均值 (mm/s)	标准限值 (mm/s)
加油站	1	0.05	0.03	0.04	25
	4	0.05	0.04	0.05	25
	5	0.03	0.02	0.03	25
	8	0.06	0.03	0.05	25

地铁引起中石化加油站振动测点 1 最大加速度为 10.11mm/s²，测点 4 最大加速度为 14.83mm/s²，测点 5 最大加速度为 3.45mm/s²，测点 8 最大加速度为 15.24mm/s²。地铁引起中石化加油站振动 1～20 列车测点 1 最大速度为 0.05mm/s，测点 4 最大速度为 0.05mm/s，测点 7 最大速度为 0.03mm/s，测点 8 大速度为 0.06mm/s。

中石化加油站的速度峰值均小于限值要求。

2) 加油站结构振动速度峰值对标分析

(1) 加油站振动 (图 4-45)

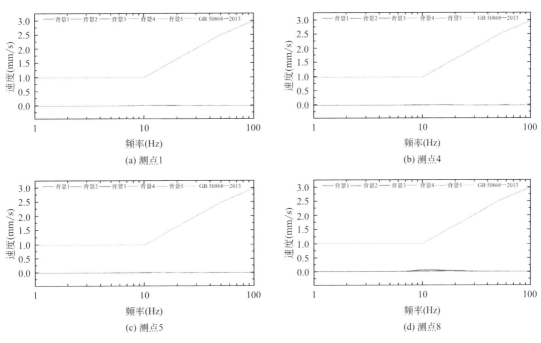

图 4-45　中石化加油站振动速度峰值对标结果

(2) 对标分析

综合各指标发现，中石化加油站背景振动在《建筑工程容许振动标准》(GB 50868—2013) 下各测点不存在超标现象。

3) 加油站结构振动速度有效值对标分析

(1) 加油站振动（图 4-46）

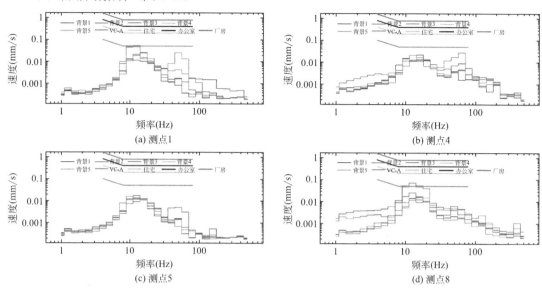

图 4-46 中石化加油站振动速度有效值对标结果

(2) 对标分析

按照 VC 评价方法中规定的厂房、住宅、办公室、VC-A 标准限值，本次分析条件下 1~100Hz 频段内均远小于规范中给定的限值。因此，背景振动满足相应振动速度有效值的安全评价标准。

4）加油站结构振动加速度 Z 振级对标分析（表 4-12）

Z 振级对标结果　　　　　　　　表 4-12

结构	测点	最大值(dB)	最小值(dB)	平均值(dB)	标准限值(dB)
加油站	1	75.85	66.58	69.914	75.00
	4	73.82	66.12	68.812	75.00
	5	66.52	62.21	64.954	75.00
	8	71.77	67.31	69.878	75.00

(1) 加油站振动（图 4-47）

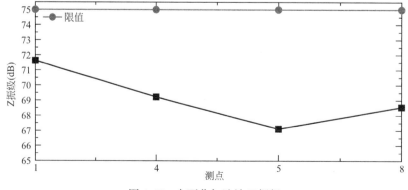

图 4-47 中石化加油站 Z 振级

(2) 对标分析

综合各指标发现，中石化加油站在《城市区域环境振动标准》(GB 10070—1988) 和《城市区域环境振动测量方法》(GB 10071—1988) 下，各测点按照20列车的平均Z振级分析，远小于指标，无超标现象。

背景噪声情况满足相应的安全评价标准。

5) 加油站结构振动加速度分频最大振级对标分析（表4-13）

分频最大振级对标结果 表4-13

结构	测点	最大值 (dB)	最小值 (dB)	平均值 (dB)	标准限值 (dB)
加油站	1	71.95	62.89	65.57	75.00
	4	70.63	61.17	64.76	75.00
	5	63.06	56.99	61.07	75.00
	8	69.65	62.81	65.90	75.00

（1）加油站振动（图4-48）

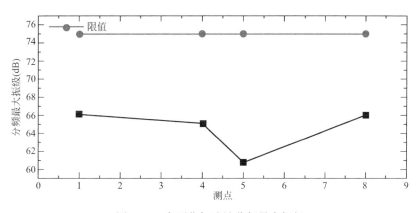

图4-48 中石化加油站分频最大振级

（2）对标分析

综合各指标发现，中石化加油站在《城市轨道交通引起建筑物振动与二次辐射噪声限值及其测量方法标准》(JGJ/T 170—2009) 下各测点按照20列车的平均分频最大振级分析，远小于标准，无超标现象。

背景噪声情况满足相应的安全评价标准。

4.3.3 小结

为评估北京市轨道交通新机场线工程草桥—丽泽金融商务区区间侧穿中石化加油站的振动情况，选取了右安门加油站、玉泉营加油站做类比测试和中石化加油站做背景测试。利用专业振动采集设备，对地表不同位置的振动速度及振动加速度进行了测试，得到了不同频率下各加油站不同测点的振动结果。各测点振动结果对标分析汇总如表4-14所示。

各测点振动结果对标分析汇总 表 4-14

加油站名称	结构名称	测点	振动速度峰值 (GB 50868—2013) 1~10Hz:1.0mm/s 50Hz:2.5mm/s 100Hz:3.0mm/s	振动速度有效值 (VC 标准)
右安门加油站	加油站	1	未超限	<住宅
		2	未超限	<住宅
		3	未超限	<住宅
		4	未超限	<住宅
	油库	6	未超限	<住宅
		8	未超限	<住宅
玉泉营加油站	加油站	1	未超限	<住宅
		2	未超限	<住宅
		3	未超限	<住宅
		4	未超限	<住宅
	油库	7	未超限	<VC-A
		11	未超限	<住宅
中石化加油站	加油站	1	未超限	<住宅
		4	未超限	<VC-A
		5	未超限	<VC-A
		8	未超限	<住宅

根据以上对标结果，主要结论如下：

1. 针对振动速度时域最大值：地铁引起右安门加油站振动 1~20 列车中各测点中测点 2 加速度最大为 39.58mm/s^2，测点 3 速度最大为 0.30mm/s。地铁引起油库振动中测点 8 加速度最大为 32.15mm/s^2，测点 8 速度最大为 0.20mm/s。地铁引起玉泉营加油站振动中测点 1 加速度最大为 63.51mm/s^2，测点 4 速度最大为 0.31mm/s。地铁引起油库振动中测点 7 加速度最大为 58.40mm/s^2。测点 7 速度最大为 0.16mm/s。根据理论研究，得速度限制为 25mm/s，本次分析条件下加油站及油库的速度最大值远小于限制，因此满足相应速度峰值的安全评价。

2. 针对振动速度频域结果：其中右安门加油站振动速度峰值略大于油库顶部速度峰值，玉泉营加油站振动速度峰值略大于油库顶部速度峰值。通过与《建筑工程容许振动标准》(GB 50868—2013) 规定的振动速度峰值相比，本次分析条件下 1~100Hz 频段内均远小于规范中给定的限值，因此满足相应振动速度峰值的安全评价标准。

3. 针对振动速度有效值：考虑速度 1/3 倍频程结果。其中右安门加油站振动速度有效值略大于油库顶部速度有效值，玉泉营加油站振动速度有效值略大于油库顶部速度有效值。按照 VC 评价方法中规定的厂房、办公室、住宅标准限值，本次分析条件下 1~100Hz 频段内均远小于规范中给定的限值，说明当地铁运行时引起的地表振动满足一定精准度仪器正常工作的使用要求。此外，VC 评价方法中规定的 VC-A 限值曲线本身适用于

400倍光学显微镜等高精密仪器，根据分析结果可知，右安门加油站及油库、玉泉营加油站有部分列车略微超过 VC-A 曲线，玉泉营加油站油库均小于 VC-A 限值，因此对于加油站结构而言，其振动满足相应振动速度有效值的安全评价标准。

综上，根据与已运营的右安门加油站、玉泉营加油站的振动速度实测结果进行类比分析可知，当线路条件、车辆结构与轨道结构均与类比测试断面接近时，地铁对中石化加油站的影响满足正常工作需要，对于区间内精密仪器所的振动影响也满足要求。

4.4 盾构隧道施工引起的加油站结构沉降实际案例分析

本节主要研究盾构开挖模型的建模方法及相关参数选取，在建立的模型基础上，最终对加油站结构沉降安全性进行评估。

4.4.1 计算模型及工况

4.4.1.1 计算模型

模型以北京市轨道交通新机场线工程草桥—丽泽金融商务区区间盾构段隧道轴线方向为 z 轴，垂直隧道轴线为 x 轴，竖直方向为 y 轴。根据圣维南原理，模型在 x 轴方向上取 112m，z 轴方向上取 44m，因为盾构穿越地下油库影响区域总长约 42m，故模型在 y 轴方向上取 60m。整个建模及计算过程均采用通用有限元软件 ANSYS 进行。建模时，假定围岩为连续介质，围岩、地下油库、盾构隧道、加油站结构等均采用实体单元模拟。模拟边界条件时，假定模型底部施加竖向位移约束，模型四周约束为各面的法向位移约束，地表为自由面。分析时，加油站、地下油库、盾构隧道仅考虑其弹性工作，采用线弹性本构关系，地层围岩在开挖过程中考虑其塑性变形，采用 Mohr-Coulomb 准则。

根据草桥—丽泽金融商务区区间盾构段隧道和地下油库的空间位置关系，建立三维计算模型及计算模型网格划分效果如图4-49、图4-50所示，模型共划分为 670378 个单元，706106 个节点。

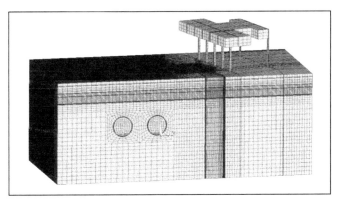

图 4-49 盾构段隧道-土体-加油站计算模型示意图

4.4.1.2 计算参数选取

根据设计院提供的《工程地质纵剖面图》及《铁路隧道工程施工安全技术规程》（TB 10304—2020），模型各岩土土层材料参数如表4-15所示，为安全考虑，表中各土层参数偏于

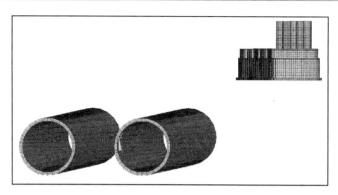

图 4-50 盾构段隧道管片与埋地油罐相对关系模型示意图

保守。地下油库采用 C25 防渗钢筋混凝土，地下油库内储油罐材质为钢；盾构管片采用 C50 混凝土。

岩土土层材料参数　　　　　　表 4-15

名称	ρ(kg/m³)	E(MPa)	泊松比 μ	摩擦角 φ	黏聚力 c
杂填土	1770	147.2	0.363	8	5
粉土素填土	1800	171	0.358	8	5
圆砾卵石	2200	276.5	0.354	35	1
⑤卵石	2400	506.1	0.285	40	1
⑦卵石	2500	1268.7	0.278	40	1
⑨卵石	2500	1806.7	0.71	40	1

4.4.1.3 计算荷载

1. 围岩自重荷载及土压力

这部分荷载在地层结构模型中根据埋深、围岩密度等由程序自动进行换算并实现加载。

2. 地下油库自重荷载

盾构隧道下穿地下油库期间，地下油库中的油罐处于清空状态，地下油库仅受结构本身自重。

4.4.1.4 计算工况

根据盾构掘进面与加油站区域相对位置设置计算工况，如图 4-51、表 4-16 所示。

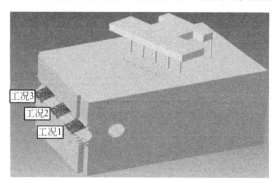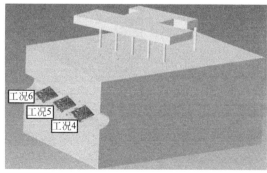

图 4-51 工况示意图

各计算工况一览表 表 4-16

工况	工况说明
工况 1	左线施工,盾构机掘进面位于加油站区域起点(盾构机即将进入)
工况 2	左线施工,盾构机开挖至加油站正下方
工况 3	左线施工,盾构机掘进面位于加油站区域终点(盾构机即将驶离)
工况 4	左线施工完毕,右线施工,盾构机掘进面位于加油站区域起点(盾构机即将进入)
工况 5	左线施工完毕,右线施工,盾构机开挖至加油站正下方
工况 6	左线施工完毕,右线施工,盾构机掘进面位于加油站区域终点(盾构机即将驶离)
工况 7	盾构隧道开挖完毕

4.4.2 计算结果与分析

本节分别计算了北京市轨道交通新机场线工程草桥—丽泽金融商务区区间侧穿中国石化丰台丽泽东路加油站施工前以及施工阶段的不同工况,接下来主要对比分析初始阶段(模拟盾构隧道下穿地下油库施工前盾构隧道的初始状态)、工况 5(左线施工完毕,右线施工,盾构机开挖至加油站正下方,即最危险时刻)、工况 7(盾构隧道开挖完毕阶段)的计算结果。

4.4.2.1 初始阶段

首先模拟新机场线隧道临近加油站施工前油库的初始状态。荷载主要为地层、地下油库的自重荷载。通过对初始状态的模拟,得到模型地下油库及加油站的结构应力,如图 4-52、图 4-53 所示。

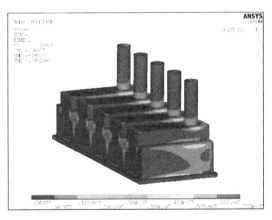 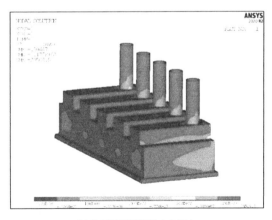

(a) 地下油库结构最大主应力　　　　　　(b) 地下油库结构最小主应力

图 4-52　地下油库结构应力（一）

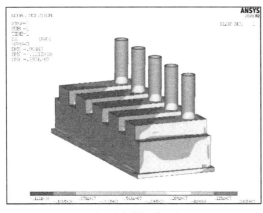
(c) 地下油库结构x向应力

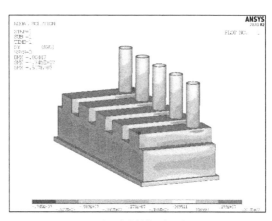
(d) 地下油库结构y向应力

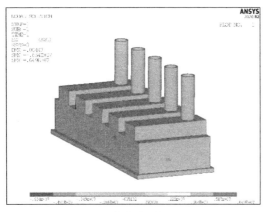
(e) 地下油库结构z向应力

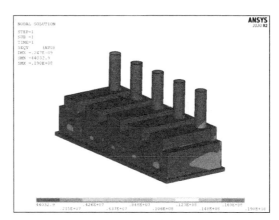
(f) 地下油库结构等效应力

图 4-52 地下油库结构应力（二）

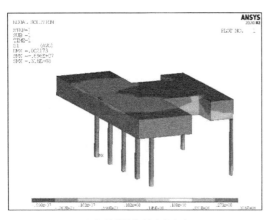
(a) 加油站结构最大主应力

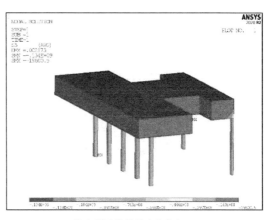
(b) 加油站结构最小主应力

图 4-53 加油站结构应力（一）

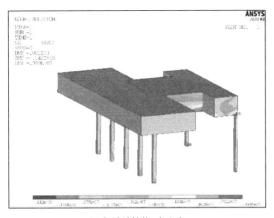
(c) 加油站结构x向应力

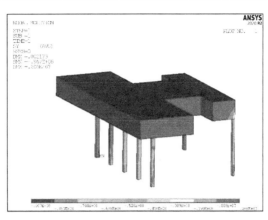
(d) 加油站结构y向应力

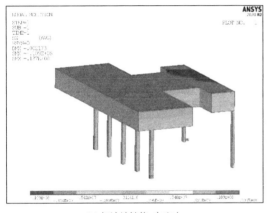
(e) 加油站结构z向应力

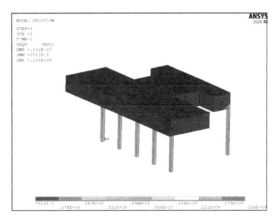
(f) 加油站结构等效应力

图 4-53 加油站结构应力（二）

盾构隧道施工前，加油站结构最大拉应力 31.60MPa，最大压应力 134MPa，地下油库结构最大拉应力 0.71MPa，最大压应力 1.75MPa。

4.4.2.2 工况 5（图 4-54～图 4-57）

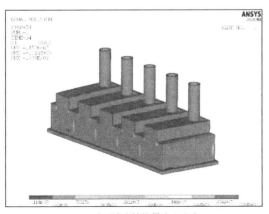
(a) 地下油库结构最大主应力

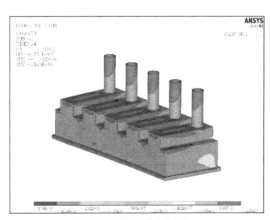
(b) 地下油库结构最小主应力

图 4-54 地下油库结构应力（一）

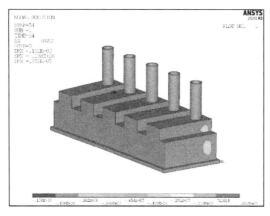
(c) 地下油库结构x向应力

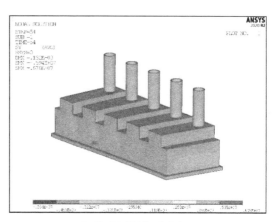
(d) 地下油库结构y向应力

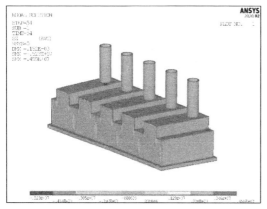
(e) 地下油库结构z向应力

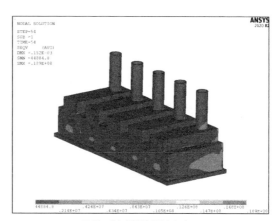
(f) 地下油库结构等效应力

图 4-54 地下油库结构应力（二）

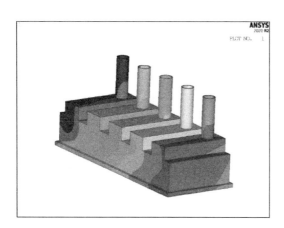
(a) 地下油库结构x向水平变形

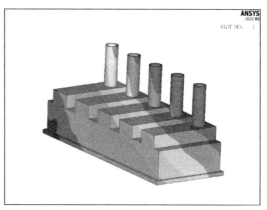
(b) 地下油库结构y向水平变形

图 4-55 地下油库变形（一）

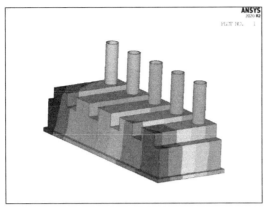
(c) 地下油库结构z向竖直变形

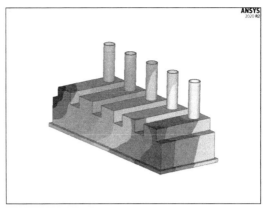
(d) 地下油库结构位移云图

图 4-55 地下油库变形（二）

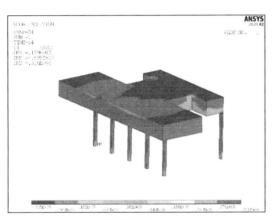
(a) 加油站结构最大主应力

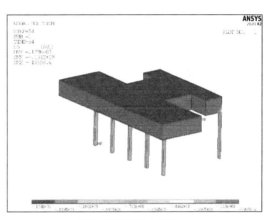
(b) 加油站结构最小主应力

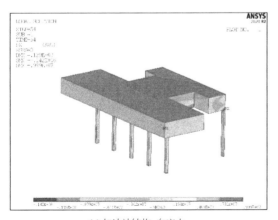
(c) 加油站结构x向应力

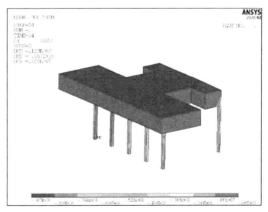
(d) 加油站结构y向应力

图 4-56 加油站结构应力（一）

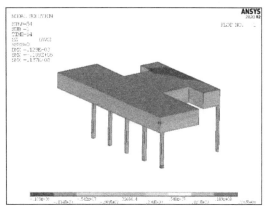
(e) 加油站结构z向应力

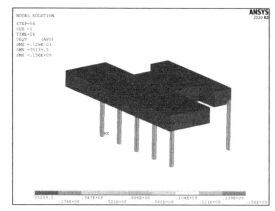
(f) 加油站结构等效应力

图 4-56　加油站结构应力（二）

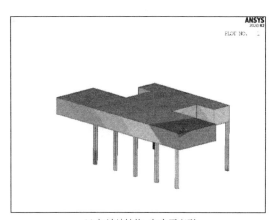
(a) 加油站结构x向水平变形

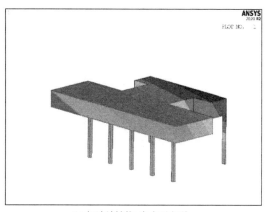
(b) 加油站结构y向水平变形

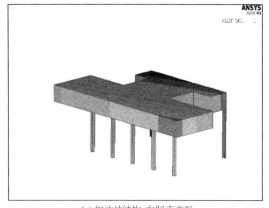
(c) 加油站结构z向竖直变形

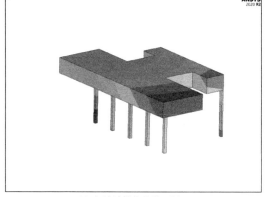
(d) 加油站结构位移云图

图 4-57　加油站结构变形

左线隧道施工完毕，右线盾构机掘进至加油站下方时，加油站结构最大拉应力 31.60MPa，最大压应力 134MPa，地下油库结构最大拉应力 0.73MPa，最大压应力 1.74MPa。

4.4.2.3 工况7（图4-58～图4-61）

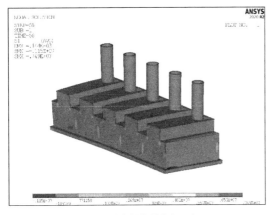

(a) 地下油库结构最大主应力

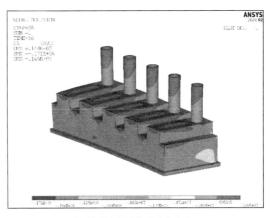

(b) 地下油库结构最小主应力

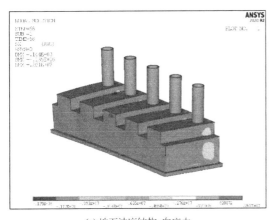

(c) 地下油库结构x向应力

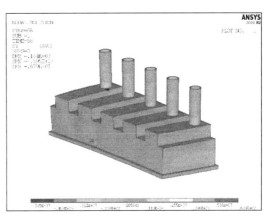

(d) 地下油库结构y向应力

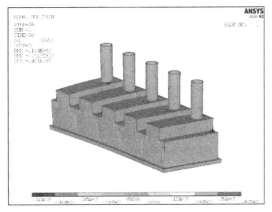

(e) 地下油库结构z向应力

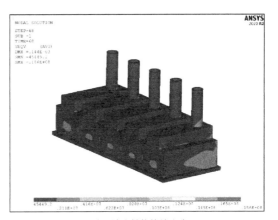

(f) 地下油库结构等效应力

图 4-58 地下油库结构应力

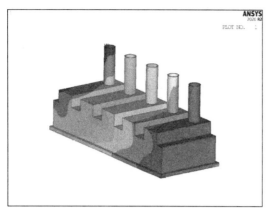
(a) 地下油库结构x向水平变形

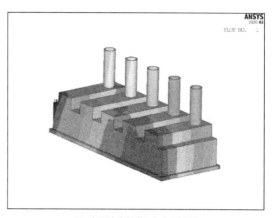
(b) 地下油库结构y向水平变形

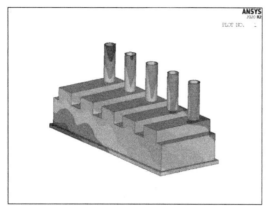
(c) 地下油库结构z向竖直变形

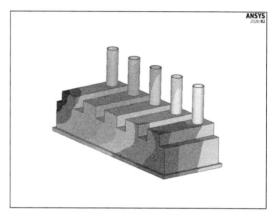
(d) 地下油库结构位移云图

图 4-59 地下油库变形

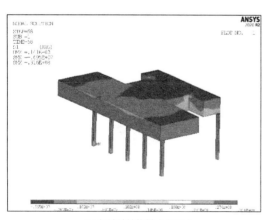
(a) 加油站结构最大主应力

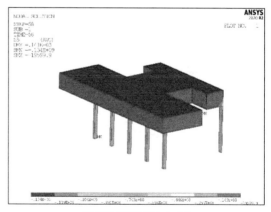
(b) 加油站结构最小主应力

图 4-60 加油站结构应力(一)

4 城市轨道交通侧穿加油站实际案例分析

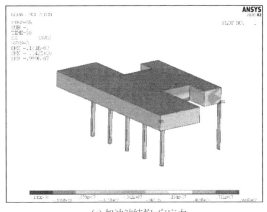

(c) 加油站结构x向应力

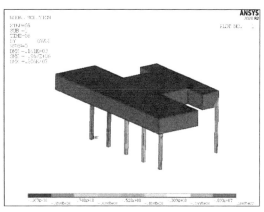

(d) 加油站结构y向应力

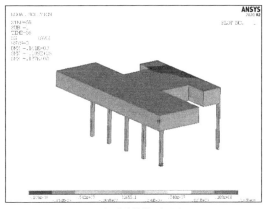

(e) 加油站结构z向应力

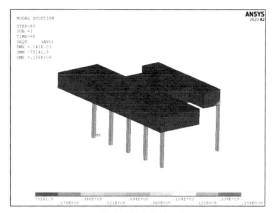

(f) 加油站结构等效应力

图 4-60　加油站结构应力（二）

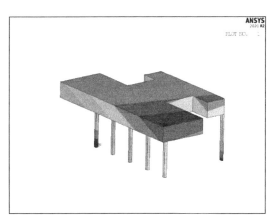

(a) 加油站结构x向水平变形

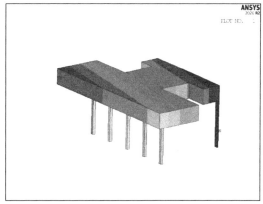

(b) 加油站结构y向水平变形

图 4-61　加油站结构变形（一）

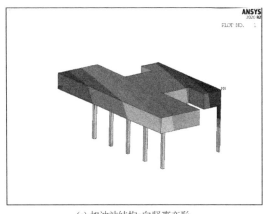
(c) 加油站结构z向竖直变形

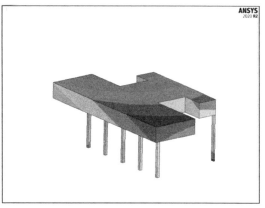
(d) 加油站结构位移云图

图 4-61 加油站结构变形（二）

左右两线均施工完毕时，加油站结构最大拉应力 31.60MPa，最大压应力 134MPa，地下油库结构最大拉应力 0.75MPa，最大压应力 1.71MPa。

4.4.2.4 小结

通过对北京市轨道交通新机场线草桥—丽泽金融商务区区间盾构段隧道施工临近加油站施工前、施工过程的数值模拟，可以分析地铁隧道施工期间对加油站及地下油库的影响。

1. 计算结果表明，盾构隧道施工期间引起的地下油库最大竖向变形（z方向）为 0.98mm，垂直于列车行进方向的最大水平变形（x方向）为 1.16mm，平行于列车行进方向的最大水平变形（y方向）为 0.20mm。地铁施工期引起的地下油库变形小于 10mm，满足变形控制要求（表 4-17）。

各工况地下油库变形结果汇总表（mm）　　表 4-17

工况	x方向变形量	y方向变形量	z方向变形量	位移限值
初始条件	0	0	0	10
工况5	1.16	0.19	0.98	10
工况7	1.07	0.20	0.97	10

2. 盾构隧道施工前，地下储油罐结构最大拉应力 0.71MPa，最大压应力 1.75MPa；盾构隧道施工过程期间，地下储油罐结构最大拉应力 0.75MPa，最大压应力 1.74MPa。根据《混凝土结构设计规范》(GB 50010—2010)(2015年版)，C25混凝土轴心抗压和轴心抗拉强度设计值分别为 11.9MPa 和 1.27MPa，施工过程引起的受力变化满足钢结构强度要求（表 4-18）。

各工况地下油库结构的应力变化（MPa）　　表 4-18

工况	最大压应力	最大拉应力	强度限值
初始条件	1.75	0.71	抗压：11.9；抗拉：1.27

续表

工况	最大压应力	最大拉应力	强度限值
工况5	1.74	0.73	抗压:11.9;抗拉:1.27
工况7	1.71	0.75	抗压:11.9;抗拉:1.27

3. 计算结果表明，盾构隧道施工期间引起的加油站结构最大竖向变形（z方向）为0.63mm，垂直于列车行进方向的最大水平变形（x方向）为1.35mm，平行于列车行进方向的最大水平变形（y方向）为0.64mm。地铁施工期引起的加油站变形小于10mm，满足变形控制要求（表4-19）。

各工况加油站变形结果汇总表（mm）　　　　　表4-19

工况	x方向变形量	y方向变形量	z方向变形量	位移限值
初始条件	0	0	0	10
工况5	1.18	0.64	0.45	10
工况7	1.35	0.37	0.63	10

4.5 城市轨道交通施工及试运营引起的加油站结构振动实际案例分析

本节主要研究空间耦合动力学模型的建模方法及数值求解方法，包括各个子模型的建立以及各个子模型间的相互作用关系，并结合相关文献资料中的现场测试结果对模型的可靠性进行验证，最终对加油站结构振动安全性进行评估。

4.5.1 计算参数选取

根据设计院提供的《工程地质纵剖面图》及《铁路隧道工程施工安全技术规程》（TB 10304—2020），模型各岩土土层材料参数如表4-20所示，为安全考虑，表中各土层参数偏于保守。地下油库采用C25混凝土；盾构管片采用C50混凝土。

岩土土层材料参数　　　　　表4-20

名称	$\rho(\text{kg/m}^3)$	$E(\text{MPa})$	泊松比μ
杂填土	1770	147.2	0.363
粉土素填土	1800	171	0.358
圆砾卵石	2200	276.5	0.354
⑤卵石	2400	506.1	0.285
⑦卵石	2500	1268.7	0.278

续表

名称	$\rho(\text{kg/m}^3)$	$E(\text{MPa})$	泊松比 μ
⑨卵石	2500	1806.7	0.71

4.5.2 计算工况及评价指标

4.5.2.1 计算工况

根据盾构掘进面与加油站区域相对位置设置计算工况，如图4-51、表4-21所示。

隧道施工各计算工况一览表 表4-21

工况	工况说明
工况1	左线施工,盾构机掘进面位于加油站区域起点(盾构机即将进入)
工况2	左线施工,盾构机开挖至加油站正下方
工况3	左线施工,盾构机掘进面位于加油站区域终点(盾构机即将驶离)
工况4	左线施工完毕,右线施工,盾构机掘进面位于加油站区域起点(盾构机即将进入)
工况5	左线施工完毕,右线施工,盾构机开挖至加油站正下方
工况6	左线施工完毕,右线施工,盾构机掘进面位于加油站区域终点(盾构机即将驶离)

根据地铁试运营情况设置工况，见表4-22。

地铁试运营各计算工况一览表 表4-22

工况	工况说明
工况1	客车以160km/h匀速通过,车辆为区域快轨型车,8辆编组,美国六级谱
工况2	客车以120km/h匀速通过,车辆为区域快轨型车,8辆编组,美国六级谱
工况3	客车以80km/h匀速通过,车辆为区域快轨型车,8辆编组,美国六级谱
工况4	客车以160km/h匀速通过,车辆为区域快轨型车,8辆编组,美国三级谱
工况5	客车以160km/h匀速通过,左右线列车在加油站下方会车

4.5.2.2 评价指标选取汇总

1. 振动速度峰值

根据《建筑工程容许振动标准》（GB 50868—2013）中交通振动对建筑结构影响的规定，评价指标为振动速度峰值。评价的频率范围应为1～100Hz，选取标准限值如表4-23所示。

容许振动速度峰值选取 表4-23

建筑物类型	容许振动速度峰值(mm/s)		
对振动敏感,具有保护价值的区域	1～10Hz	50Hz	100Hz
	1.0	2.5	3.0

注：表中容许峰值应按频率线性插值确定。

2. VC标准

VC标准采用一组1/3倍频带速度谱以及国际标准组织（ISO）关于振动对建筑物中人的影响判断准则，适用于在垂直和两个水平方向上测量的振动。振动准则标准的形式是一组1/3倍频程的速度谱，标记为振动准则曲线VC-A到VC-G。振动以其均方根（rms）速度来表示。选用限值如表4-24所示。

VC标准选取值　　　　　　　　　　　　　　　　　表4-24

准则名称	描述	幅值($\mu m/s$)	细节尺寸(μm)
厂房	有明显可被察觉的振动,适用于工厂和非敏感区域	800	—
办公室	有可被察觉的振动,适用于办公场所和非敏感区域	400	—
住宅	很少能被察觉的振动,适合于半导体探针测试设备、计算机和放大率小于40倍的显微镜	200	75

3. Z振级

《城市区域环境振动标准》（GB 10070—1988）和《城市区域环境振动测量方法》（GB 10071—1988）中规定，为评价城市区域环境振动水平，测量量为铅垂向Z振级，采用的时间计权常数为1s，采用的频率计权范围为1～80Hz。选取限值如表4-25所示。

Z振级选取值　　　　　　　　　　　　　　　　　表4-25

振动环境功能区类别	昼间(dB)	夜间(dB)
交通干线道路两侧	75	72

4. 分频最大振级

《城市轨道交通引起建筑物振动与二次辐射噪声限值及其测量方法标准》（JGJ/T 170—2009）指出采用分频最大振级作为轨道交通环境振动评价量。对数据做1/3倍频程分析，然后按JGJ/T 170—2009中规定的Z计权因子进行修正，频率计权范围为4～200Hz，得到各1/3倍频程中心频率的振动加速度级，称之为分频振级（或振级）。分频振级在1/3倍频程中心频率上的最大振级量值，即为分频最大振级。选取限值如表4-26所示。

分频最大振级选取值　　　　　　　　　　　　　　表4-26

区域类别	适用范围	昼间(dB)	夜间(dB)
4类	交通干线两侧	75	72

4.5.3 盾构开挖引起的结构振动特性及传递规律分析

利用已建立的模型，对盾构掘进引起的加油站地下及地上结构等展开分析，从时域、频域角度对各结构的振动水平及主要敏感频率进行了系统研究。

4.5.3.1 加油站振动特性分析

1. 时域振动特性分析

本节主要研究左线施工完毕，右线盾构掘进至加油站下方时振动从振源处传递至土体后引起地下油库及加油站的振动分布情况，主要采用的分析指标包括地下油库及加油站的振动加速度以及1/3倍频程振动加速度。

根据加油站与隧道的相对位置，在盾构隧道掘进上选取三个断面进行分析。以加油站中间断面为例，通过仿真分析得到振动速度及加速度时域曲线。

1) 油库振动

根据加油站与隧道的相对位置，在加油站油库底部沿掘进方向上选取三个断面进行分析。图4-62给出了油库三个断面处在盾构掘进时的振动时程曲线。

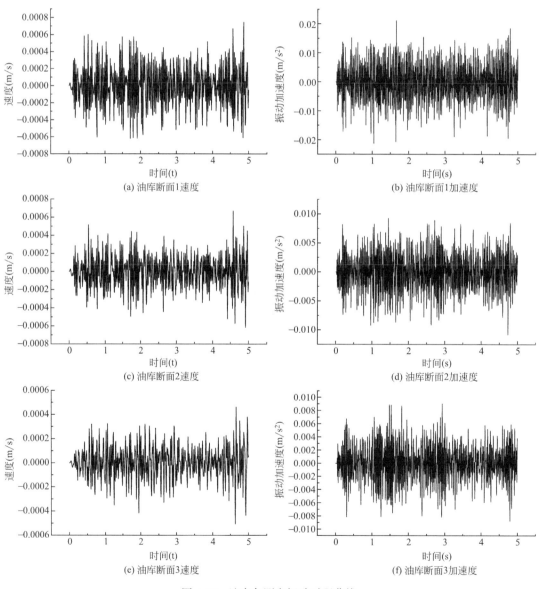

图 4-62 油库各测点振动时程曲线

2) 加油站结构振动

根据设计图，选取加油站靠近盾构隧道一侧的五个结构柱底部（因篇幅关系，此处展示其中三个）以及顶棚三个测点结果进行分析，给出了加油站地上结构柱底及顶棚在盾构机掘进时的振动时程曲线（图4-63）。

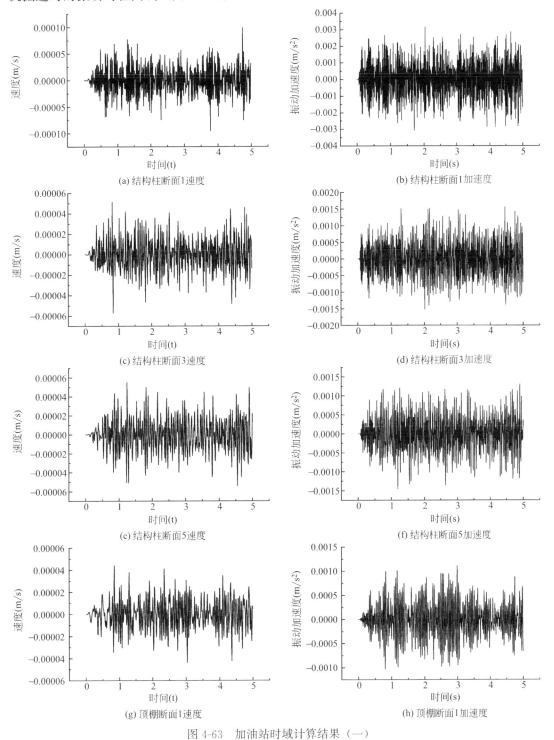

图 4-63 加油站时域计算结果（一）

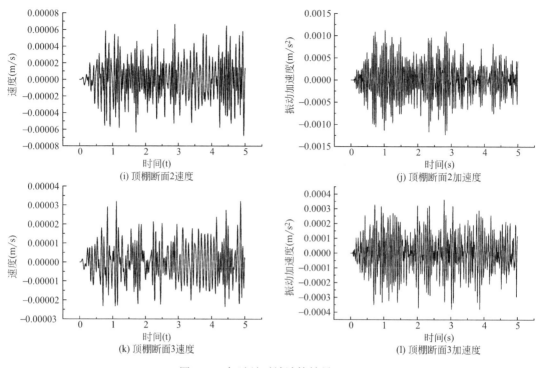

图 4-63 加油站时域计算结果（二）

3）各位置振动情况汇总

油库及加油站的振动时域最大值汇总如表 4-27 所示。

振动时域最大值汇总　　　　　　　表 4-27

受振体	位置	速度(mm/s)	加速度(mm/s^2)
油库	断面 1	0.25	1.67
	断面 2	0.53	2.57
	断面 3	0.75	21.1
结构柱	断面 1	0.04	3.15
	断面 2	0.05	2.06
	断面 3	0.05	1.56
	断面 4	0.06	1.88
	断面 5	0.10	1.31
顶棚	断面 1	0.03	0.11
	断面 2	0.04	0.20
	断面 3	0.07	1.11

根据以上计算结果，可以得到以下结论：

（1）不同结构间振动对比：从加油站油库、结构柱及顶棚的振动速度及加速度时域结果可知，由于油库距离盾构隧道最近，故油库的振动结果明显大于加油站结构柱及顶棚；加油站结构柱及顶棚的振动速度峰值基本接近；加油站结构柱的加速度略大于顶棚。

（2）不同断面处的振动对比：选取加油站油库、顶棚结构的断面1、2、3处计算结果以及结构柱断面1、3、5处计算结果进行分析。所选取的断面中，断面1距离盾构隧道最远，加油站油库、顶棚结构的断面3和结构柱断面5最近，受盾构隧道与加油站水平间距的影响，加油站与盾构隧道的水平距离不断减小，导致加油站油库、结构柱及顶棚的垂向振动有所增大，其中油库的振动速度纵向衰减率高于加油站地上结构。

（3）振动幅值情况对比：从计算结果可知，加油站油库在不同断面位置处的振动速度峰值范围为0.25~0.75mm/s，振动加速度峰值范围为1.67~21.1mm/s²；加油站结构柱在不同断面位置处的振动速度峰值范围为0.05~0.1mm/s，振动加速度峰值范围为1.31~3.15mm/s²；加油站顶棚在不同断面位置处的振动速度峰值范围为0.03~0.07mm/s，振动加速度峰值范围为0.11~1.11mm/s²。

2. 频域振动特性分析

1）油库振动（图4-64）

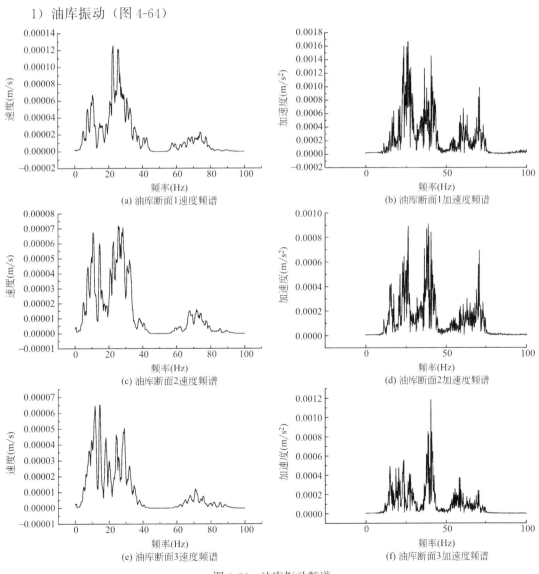

图4-64 油库振动频谱

根据以上计算结果，可以得到以下结论：

（1）从三个断面位置的油库振动速度频谱曲线可以看出，三个断面位置的油库振动速度频谱曲线基本一致，主振频率集中在40Hz以下，并在30Hz处出现明显峰值。

（2）从三个断面位置的油库振动加速度频谱曲线可以看出，三个断面位置的油库振动加速度频谱曲线基本一致，主振频率集中在25~50Hz之间，并在26.2Hz、40Hz处出现明显峰值。

2）加油站结构振动

根据设计图，选取加油站靠近盾构隧道一侧的五个结构柱底部以及顶棚三个测点结果进行分析。限于篇幅，图4-65中给出了加油站地上三个结构柱底及三个断面顶棚在盾构掘进时的振动速度、加速度频谱曲线结果对比。

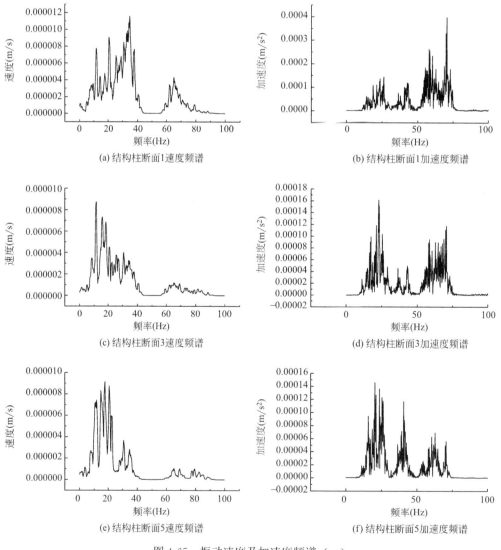

图4-65 振动速度及加速度频谱（一）

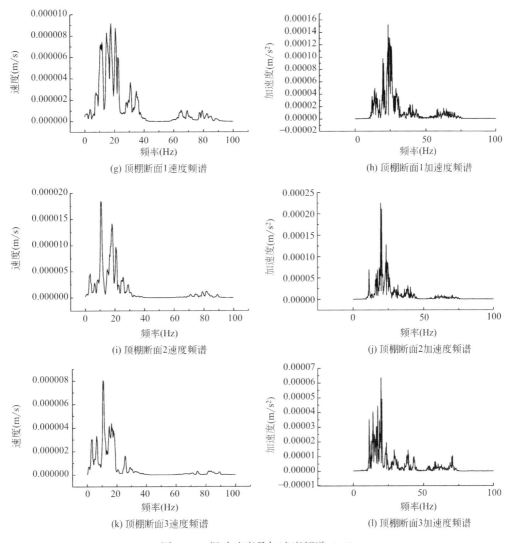

图 4-65 振动速度及加速度频谱（二）

根据以上计算结果，可以得到以下结论：

（1）从三个断面位置的振动速度频谱曲线可以看出，结构柱的振动速度主频主要集中 40Hz以下，并在15Hz及18.2Hz出现两处较明显主振峰；顶棚振动频率主要集中在10.5Hz，高于30Hz的振动能量基本已经充分衰减。

（2）从三个断面位置的振动加速度频谱曲线可以看出，三个断面位置的油库振动加速度频谱曲线基本一致，结构柱的主振频率集中在10~50Hz之间，并在13.5Hz、22.5Hz、31.6Hz、48Hz处出现明显峰值，50Hz以上的振动能量衰减较为明显，与油库三个断面位置处的振动加速度频谱较为接近；顶棚的振动加速度主振频率主要集中在20Hz以下，说明高于20Hz的振动能量经过结构柱传播后已经充分衰减。

4.5.3.2 加油站关键结构振动安全性评估

根据盾构机不同掘进位置，对加油站及地下油库的振动情况，结合相关指标进行对标分析。

1. 工况 1

(1) 加油站振动速度计算结果（图 4-66）

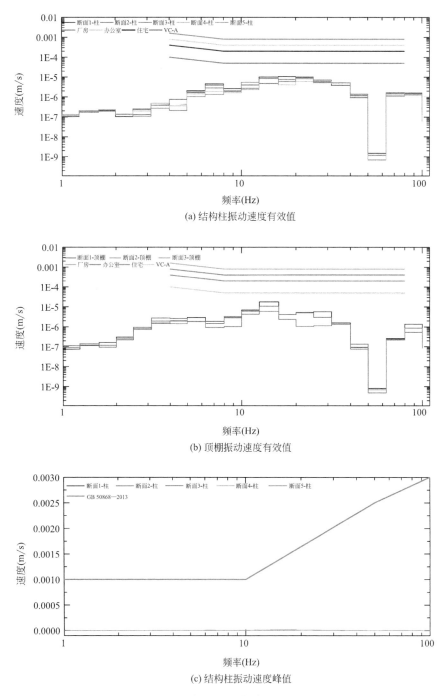

(a) 结构柱振动速度有效值

(b) 顶棚振动速度有效值

(c) 结构柱振动速度峰值

图 4-66 加油站速度分析（一）

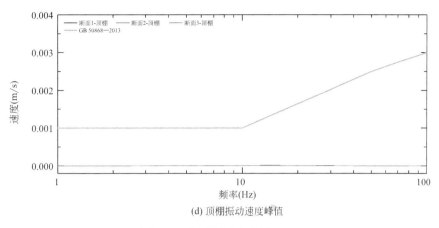

(d) 顶棚振动速度峰值

图 4-66 加油站速度分析（二）

（2）加油站振动分频最大振级计算结果（图 4-67）

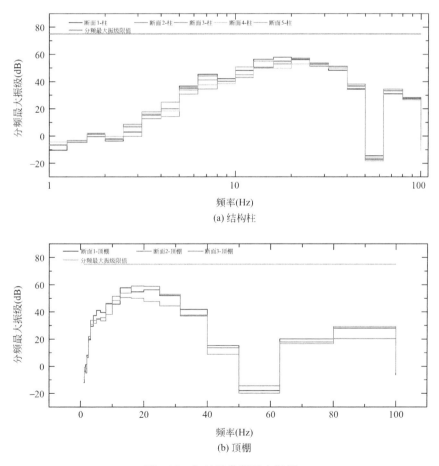

(a) 结构柱

(b) 顶棚

图 4-67 加油站分频最大振级

(3) 地下油库振动速度计算结果（图 4-68）

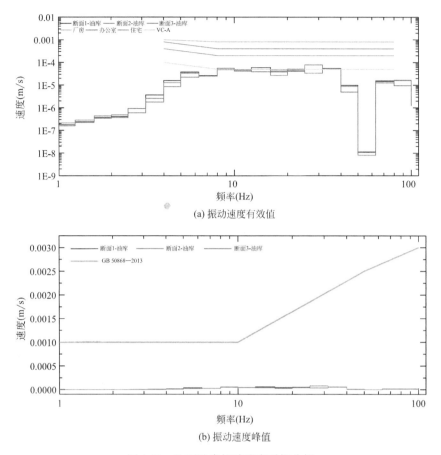

(a) 振动速度有效值

(b) 振动速度峰值

图 4-68 地下油库振动速度对标分析

(4) 地下油库振动分频最大振级计算结果（图 4-69）

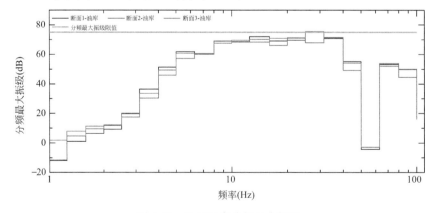

图 4-69 地下油库分频最大振级

综合各指标发现，加油站及油库在《建筑工程容许振动标准》（GB 50868—2013）下各测点不存在超标现象；加油站各测点在 VC 标准下，对于厂房、办公室、住宅、VC-A 限值不存在超标现象，地下油库各测点在 VC 标准下，对于厂房、办公室、住宅不存在超标现象，对于VC-A标准振动速度有效值超标。VC评价方法中规定的VC-A限值曲线本身适用于400倍光学显微镜等高精密仪器，根据分析结果可知对于加油站结构而言，其振动满足相应振动速度有效值的安全评价标准。

加油站在《城市轨道交通引起建筑物振动与二次辐射噪声限值及其测量方法标准》(JGJ/T 170—2009)下各测点均未出现超标现象，油库在标准下测点存在超标现象，断面1、断面3振级超标。

2. 工况2

（1）加油站振动速度计算结果（图4-70）

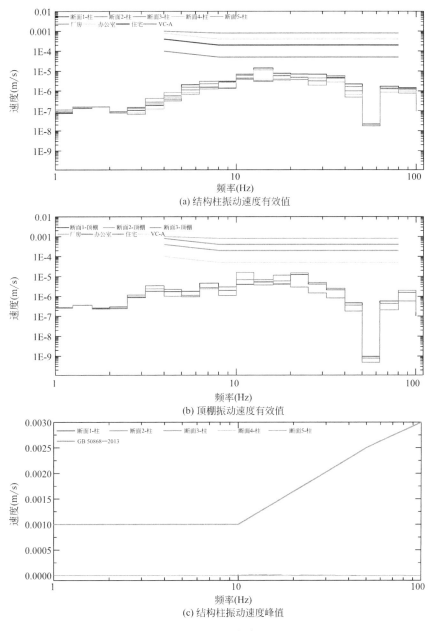

图4-70 加油站速度分析（一）

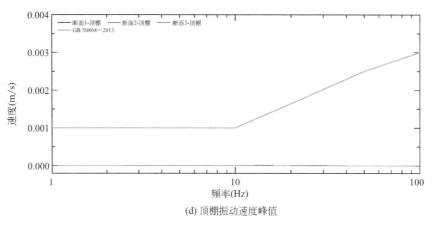

(d) 顶棚振动速度峰值

图 4-70 加油站速度分析（二）

（2）加油站振动分频最大振级计算结果（图 4-71）

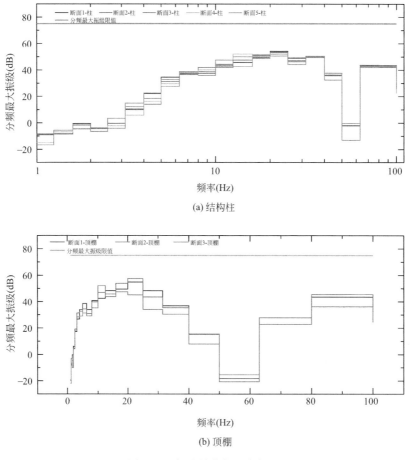

(a) 结构柱

(b) 顶棚

图 4-71 加油站分频最大振级

（3）地下油库振动速度计算结果（图4-72）

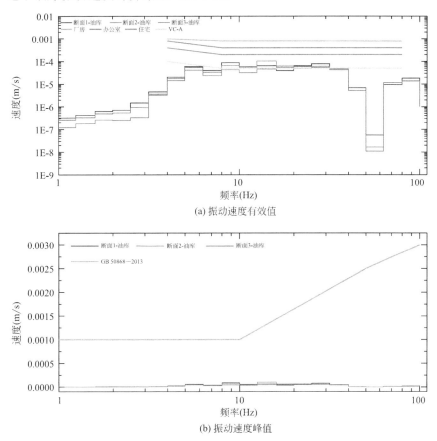

(a) 振动速度有效值

(b) 振动速度峰值

图 4-72 地下油库振动速度对标分析

（4）地下油库振动分频最大振级计算结果（图4-73）

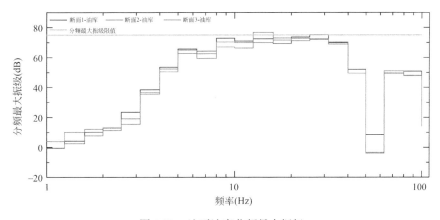

图 4-73 地下油库分频最大振级

综合各指标发现，加油站及油库在《建筑工程容许振动标准》（GB 50868—2013）下各测点不存在超标现象；加油站各测点在 VC 标准下，对于厂房、办公室、住宅、VC-A

限值不存在超标现象,地下油库各测点在 VC 标准下,对于厂房、办公室、住宅不存在超标现象,对于 VC-A 标准振动速度有效值超标。

加油站在《城市轨道交通引起建筑物振动与二次辐射噪声限值及其测量方法标准》(JGJ/T 170—2009)下各测点均未出现超标现象,油库在标准下测点存在超标现象,断面1、断面 3 振级超标。

3. 工况 3

(1) 加油站振动速度计算结果 (图 4-74)

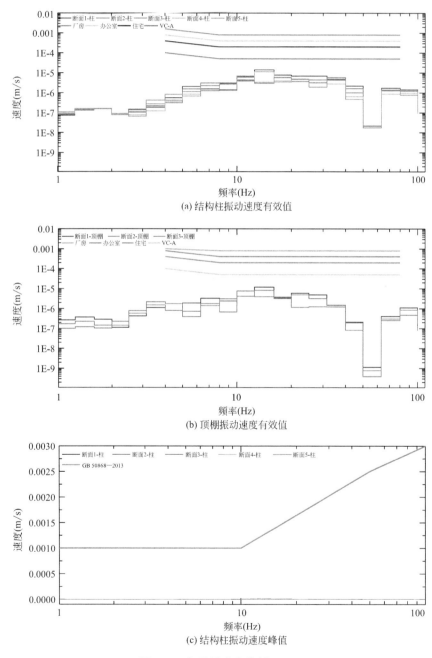

图 4-74 加油站速度分析 (一)

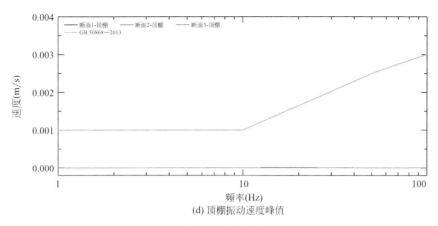

(d) 顶棚振动速度峰值

图 4-74 加油站速度分析（二）

（2）加油站振动分频最大振级计算结果（图 4-75）

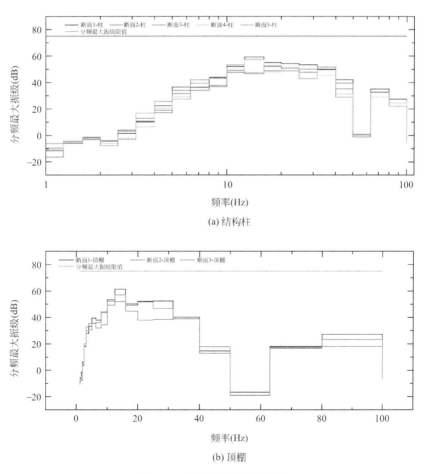

(a) 结构柱

(b) 顶棚

图 4-75 加油站分频最大振级

(3) 地下油库振动速度计算结果（图 4-76）

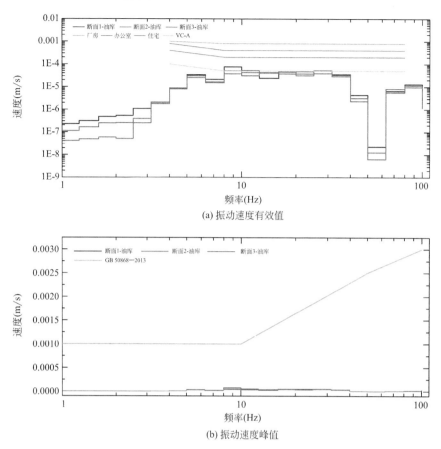

(a) 振动速度有效值

(b) 振动速度峰值

图 4-76 地下油库振动速度对标分析

(4) 地下油库振动分频最大振级计算结果（图 4-77）

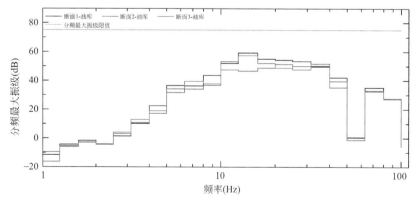

图 4-77 地下油库分频最大振级

综合各指标发现，加油站及油库在《建筑工程容许振动标准》(GB 50868—2013) 下各测点不存在超标现象；加油站各测点在 VC 标准下，对于厂房、办公室、住宅、VC-A 限值不存在超标现象，地下油库各测点在 VC 标准下，对于厂房、办公室、住宅不存在超标现象，对于 VC-A 标准振动速度有效值超标。VC 评价方法中规定的 VC-A 限值曲线本身适用于 400 倍光学显微镜等高精密仪器，根据分析结果可知对于加油站结构而言，其振动满足相应振动速度有效值的安全评价标准。

加油站在《城市轨道交通引起建筑物振动与二次辐射噪声限值及其测量方法标准》(JGJ/T 170—2009) 下各测点均未出现超标现象，油库各测点也不存在超标现象。

4. 工况 4

（1）加油站振动速度计算结果（图 4-78）

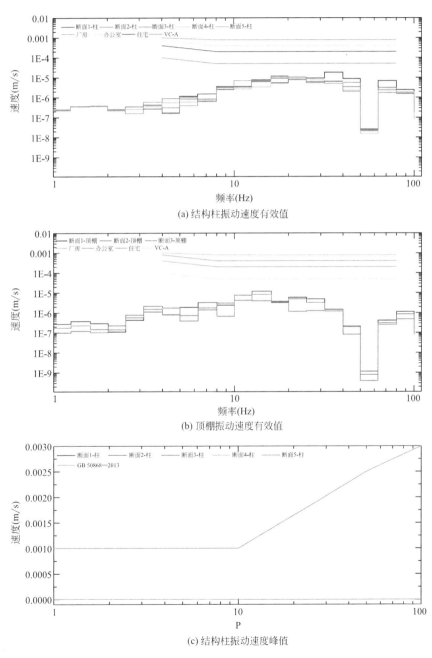

图 4-78 加油站速度分析（一）

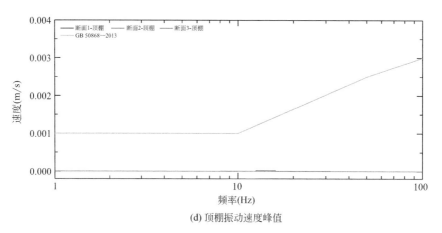

(d) 顶棚振动速度峰值

图 4-78　加油站速度分析（二）

（2）加油站振动分频最大振级计算结果（图 4-79）

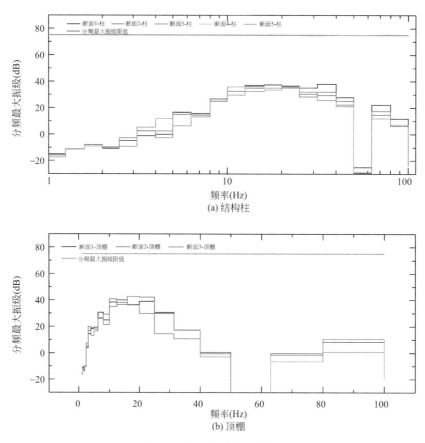

(a) 结构柱

(b) 顶棚

图 4-79　加油站分频最大振级

（3）地下油库振动速度计算结果（图 4-80）

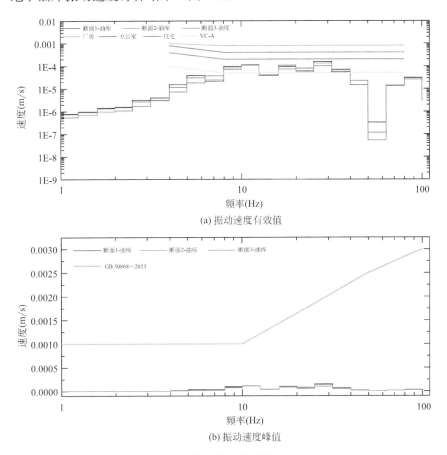

图 4-80 地下油库振动速度对标分析

（4）地下油库振动分频最大振级计算结果（图 4-81）

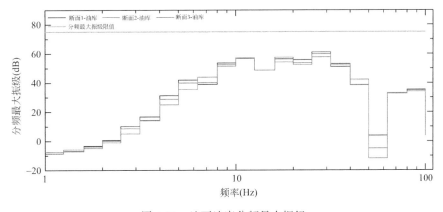

图 4-81 地下油库分频最大振级

综合各指标发现，加油站及油库在《建筑工程容许振动标准》（GB 50868—2013）下各测点不存在超标现象；加油站各测点在 VC 标准下，对于厂房、办公室、住宅、VC-A 限值不存在超标现象，地下油库各测点在 VC 标准下，对于厂房、办公室、住宅不存在超标现象，对于VC-A标准振动速度有效值超标。VC评价方法中规定的VC-A限值曲线本身适用于400倍光学显微镜等高精密仪器，根据分析结果可知对于加油站结构而言，其振动满足相应振动速度有效值的安全评价标准。

加油站在《城市轨道交通引起建筑物振动与二次辐射噪声限值及其测量方法标准》（JGJ/T 170—2009）下各测点均未出现超标现象，油库各测点也不存在超标现象。

5. 工况5

（1）加油站振动速度计算结果（图4-82）

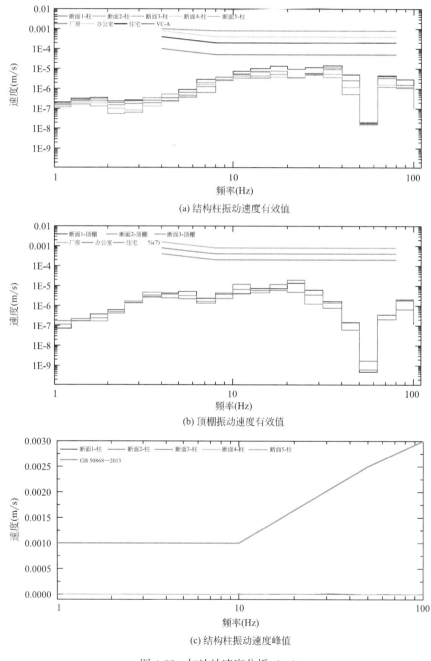

图4-82 加油站速度分析（一）

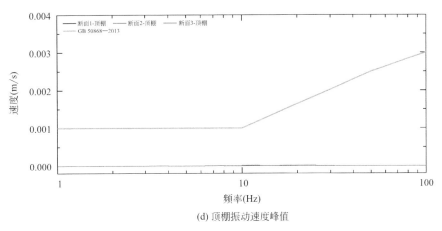

(d) 顶棚振动速度峰值

图 4-82 加油站速度分析（二）

(2) 加油站振动分频最大振级计算结果（图 4-83）

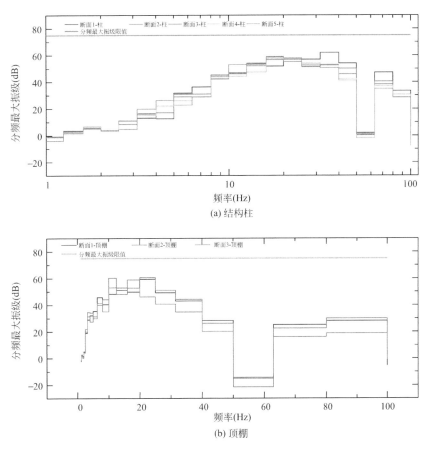

(a) 结构柱

(b) 顶棚

图 4-83 加油站分频最大振级

(3) 地下油库振动速度计算结果（图 4-84）

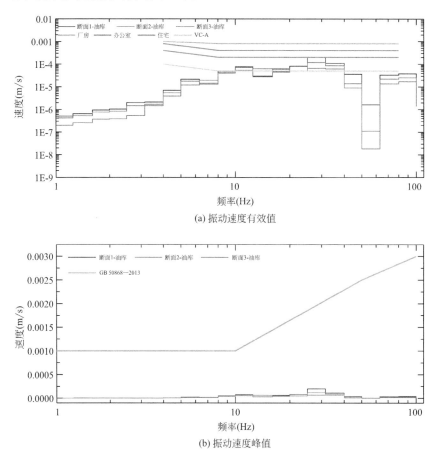

(a) 振动速度有效值

(b) 振动速度峰值

图 4-84 地下油库振动速度对标分析

(4) 地下油库振动分频最大振级计算结果（图 4-85）

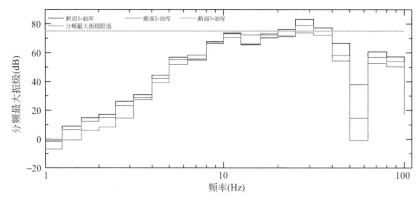

图 4-85 地下油库分频最大振级

综合各指标发现，加油站各测点在 VC 标准下，对于厂房、办公室、住宅、VC-A 限值不存在超标现象，地下油库各测点在 VC 标准下，对于厂房、办公室、住宅不存在超标现象，对于 VC-A 标准振动速度有效值超标。VC 评价方法中规定的 VC-A 限值曲线本身适用于400倍光学显微镜等高精密仪器，根据分析结果可知对于加油站结构而言，其振动满足相应振动速度有效值的安全评价标准。

加油站在《城市轨道交通引起建筑物振动与二次辐射噪声限值及其测量方法标准》（JGJ/T 170—2009）下各测点均未出现超标现象，油库各测点均出现超标，其中断面3超出最多。

6. 工况6

（1）加油站振动速度计算结果（图4-86）

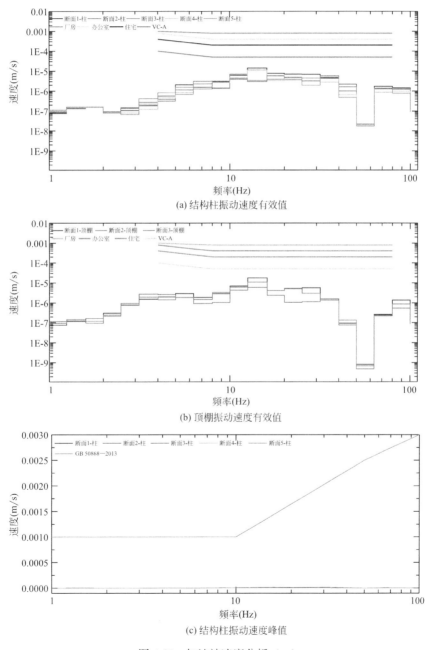

图4-86 加油站速度分析（一）

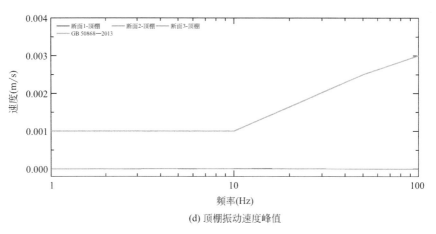

(d) 顶棚振动速度峰值

图 4-86 加油站速度分析（二）

（2）加油站振动分频最大振级计算结果（图 4-87）

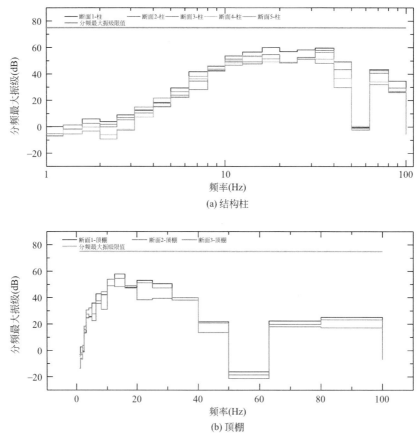

图 4-87 加油站分频最大振级

（3）地下油库振动速度计算结果（图4-88）

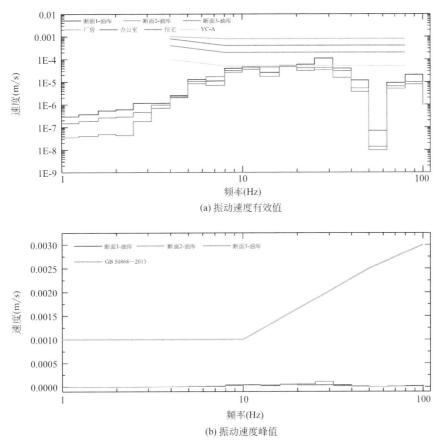

(a) 振动速度有效值

(b) 振动速度峰值

图4-88 地下油库振动速度对标分析

（4）地下油库振动分频最大振级计算结果（图4-89）

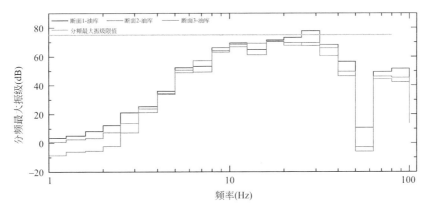

图4-89 地下油库分频最大振级

综合各指标发现，加油站及油库在《建筑工程容许振动标准》（GB 50868—2013）下各测点不存在超标现象；加油站及油库各测点在VC标准下，对于厂房、办公室、住宅限值不存在超标现象，对于 VC-A 标准振动速度有效值超标。VC 评价方法中规定的 VC-A 限值曲线本身适用于 400 倍光学显微镜等高精仪器，根据分析结果可知对于加油站结构而言，其振动满足相应振动速度有效值的安全评价标准。

加油站在《城市轨道交通引起建筑物振动与二次辐射噪声限值及其测量方法标准》（JGJ/T 170—2009）下各测点均未出现超标现象，油库断面 3 出现超标现象，其余测点未超标。

7. 各工况下 Z 振级计算结果

（1）加油站 Z 振级计算结果（图 4-90）

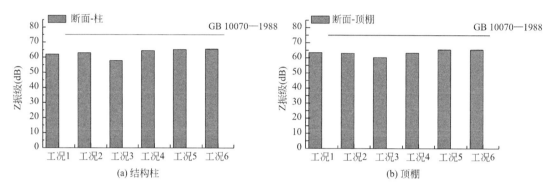

图 4-90 加油站 Z 振级计算结果

（2）地下油库 Z 振级计算结果（图 4-91）

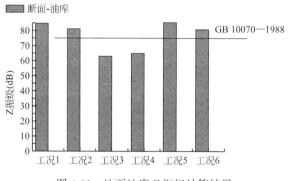

图 4-91 地下油库 Z 振级计算结果

综合各指标发现，加油站在《城市区域环境振动标准》（GB 10070—1988）和《城市区域环境振动测量方法》（GB 10071—1988）下各工况测点均未存在超标现象。

油库测点在工况 3、工况 4 条件下未出现超标现象，在其余工况下各测点均出现超标现象。

4.5.4 列车运行引起的结构振动特性及传递规律分析

利用已建立的模型，对列车运行下引起的轨道结构振动、隧道结构振动、加油站地下及地上结构等展开分析，从时域、频域角度对各结构的振动水平及主要敏感频率进行了系统研究。

4.5.4.1 振源处（隧道壁）振动特性分析

本节主要研究列车通过时轮轨之间动态耦合作用的时域及频域特性。研究时，如无特殊说明，轨道结构均按照设计单位提供的轨道结构进行选取，列车运行速度160km/h，轨道不平顺激励选取160km/h对应的轨道不平顺样本，轨道高频激励考虑轨面粗糙度谱。根据加油站与隧道的相对位置，在盾构隧道沿行车方向上选取三个断面进行分析。

1. 时域振动特性分析

通过仿真分析得到的隧道壁振动速度及加速度时域曲线如图4-92所示。

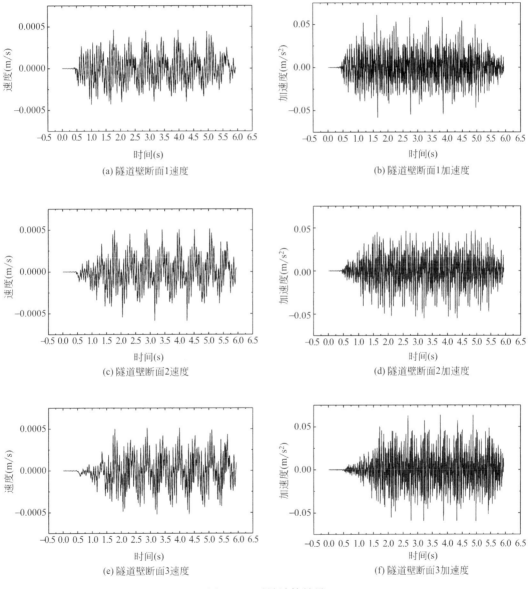

图4-92 时域计算结果

沿隧道纵向行车方向上，各测点位置的振动速度、加速度时域最大值汇总如表4-28所示。

各指标时域最大值汇总　　　　表 4-28

受振体	位置	速度（mm/s）	加速度（mm/s^2）
隧道壁	断面 1	0.46	60.71
	断面 2	0.59	55.04
	断面 3	0.51	63.48

根据以上计算结果，可以得到以下结论：

1）对于隧道壁的振动速度，在本次计算条件下，三个断面位置处的振动速度时域幅值在 0.46~0.59mm/s 之间，三个断面位置的结果大致相同。通过振动速度时程曲线可知，每个轮对经过测点正上方时所引起振动速度最大，大致可以识别出 8 节编组下每辆车对经过时所引起的振动峰值。

2）对于隧道壁的振动加速度，在本次计算条件下，三个断面位置处的振动加速度时域幅值在 55.04~63.48mm/s^2 之间，三个断面位置的结果大致相同。通过振动加速度时程曲线可知，每个轮对经过测点正上方时所引起振动加速度最大，大致可以识别出 8 节编组下每辆车对经过时所引起的振动峰值。

2. 频域振动特性分析

通过将仿真分析得到的隧道壁振动速度、加速度时域曲线进行快速傅里叶变换后得到各指标对应的频谱曲线，如图 4-93 所示。

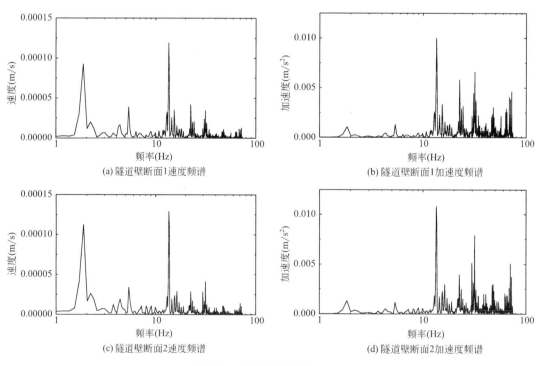

(a) 隧道壁断面1速度频谱　　(b) 隧道壁断面1加速度频谱
(c) 隧道壁断面2速度频谱　　(d) 隧道壁断面2加速度频谱

图 4-93　频域计算结果（一）

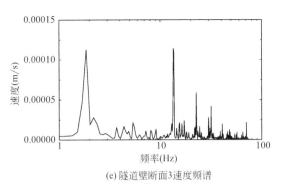
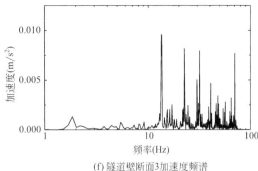

图 4-93 频域计算结果（二）

根据以上计算结果，可以得到以下结论：

1）从隧道壁振动速度的频谱曲线可以看出，隧道壁速度的主振频率集中在10～35Hz之间，并在1.8Hz、13.5Hz、22.5Hz、31.6Hz处出现明显峰值，经判断可能与结构自身的振动频率以及钢弹簧浮置板的自振频率有关。

2）从隧道壁振动加速度的频谱曲线可以看出，隧道壁加速度的主振频率集中在10～72Hz之间，并在13.5Hz、22.5Hz、31.6Hz、48Hz、72.4Hz处出现明显峰值，经判断部分主振频率应与结构自身的振动频率、钢弹簧浮置板的自振频率以及轨道不平顺的周期性激励有关。其中，72.4Hz为行车速度160km/h条件下的0.6m扣件间距形成的周期性激励。

4.5.4.2 加油站振动特性分析

本节主要研究列车通过时振动从振源处传递至加油站后引起加油站油库及地上结构各部分的振动分布情况，主要采用的分析指标包括振源、各结构的振动速度、加速度时域峰值以及1/3倍频程振动速度有效值和加速度级。

1. 时域振动特性分析

（1）油库振动

根据加油站与隧道的相对位置，在加油站油库底部沿行车方向上选取三个断面进行分析。图4-94中给出了加油站油库底部三个断面的振动时程曲线。

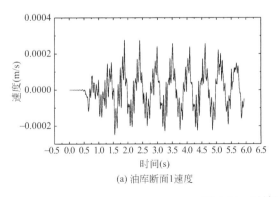
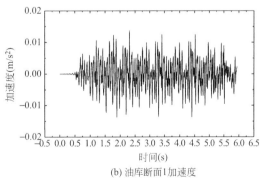

图 4-94 时域计算结果（一）

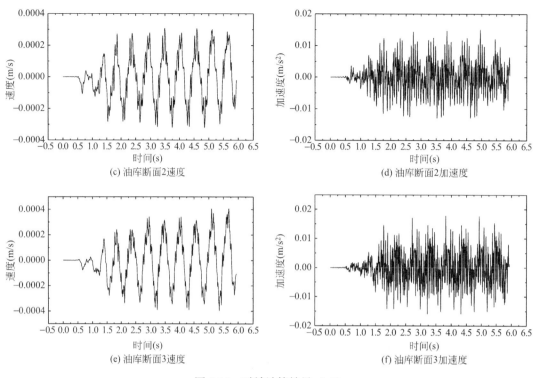

图 4-94 时域计算结果（二）

(2) 加油站结构振动

根据设计图，选取加油站靠近盾构隧道一侧的五个结构柱底部以及顶棚三个测点结果进行分析。图 4-95 中给出了加油站地上结构柱及顶棚在列车通过时的振动时程曲线。

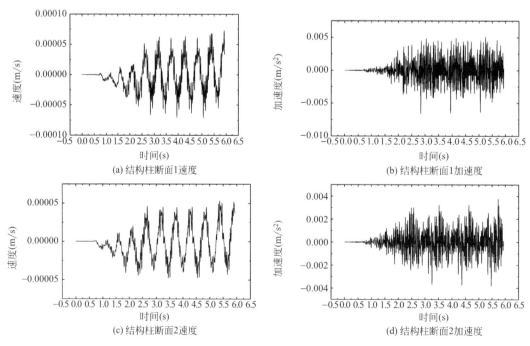

图 4-95 时域计算结果（一）

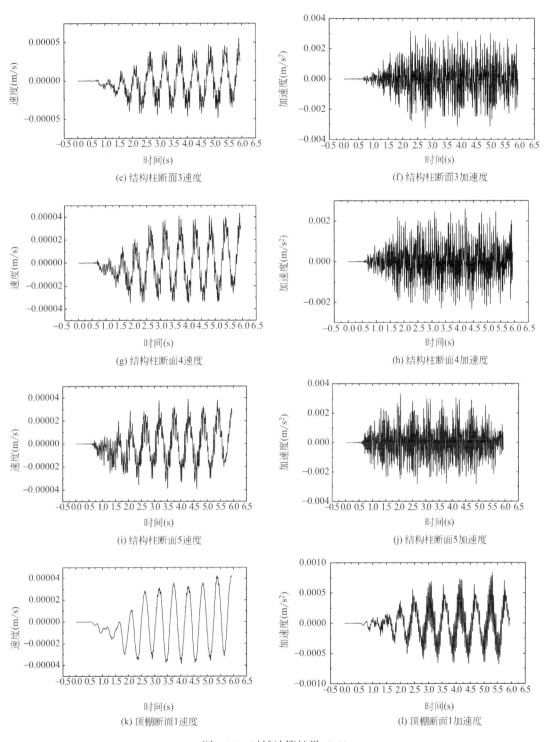

图 4-95 时域计算结果（二）

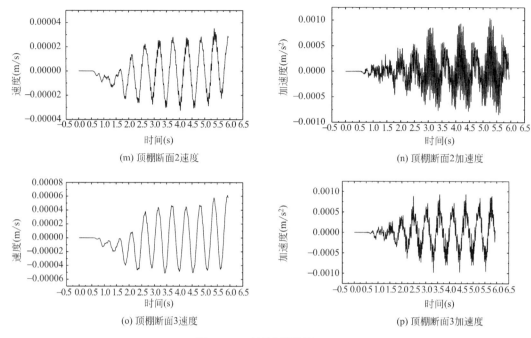

图 4-95 时域计算结果（三）

(3) 各位置振动情况汇总

各位置的振动速度、加速度时域最大值汇总如表 4-29 及图 4-96 所示。

各指标时域最大值汇总 表 4-29

受振体	位置	速度(mm/s)	加速度(mm/s^2)
油库	断面 1	0.28	13.74
	断面 2	0.32	14.99
	断面 3	0.41	17.76
结构柱	断面 1	0.04	3.32
	断面 2	0.04	2.59
	断面 3	0.06	3.25
	断面 4	0.05	3.78
	断面 5	0.07	6.59
顶棚	断面 1	0.04	0.85
	断面 2	0.04	1.04
	断面 3	0.06	0.98

根据以上计算结果，可以得到以下结论：

① 不同结构间振动对比：从加油站油库、结构柱及顶棚的振动速度及加速度时域结果可知，由于油库距离盾构隧道最近，故油库的振动结果明显大于加油站结构柱及顶棚；加油站结构柱及顶棚的振动速度峰值基本接近；加油站结构柱的加速度略大于顶棚。

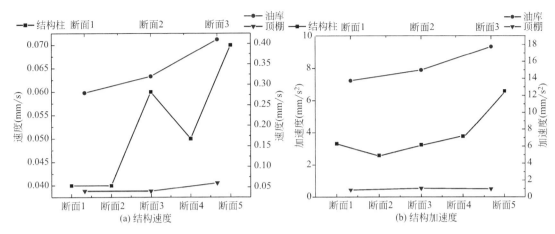

图 4-96 加油站结构振动特性

② 不同断面处的振动对比：选取加油站油库、顶棚结构的断面1、2、3处计算结果以及结构柱断面1、3、5处计算结果进行分析。所选取的断面中，断面1距离盾构隧道最远，加油站油库、顶棚结构的断面3和结构柱断面5距离最近，受盾构隧道与加油站水平间距的影响，加油站与盾构隧道的水平距离不断减小，导致加油站油库、结构柱及顶棚的垂向振动有所增大，其中油库的振动速度纵向增大率高于加油站地上结构。

③ 振动幅值情况对比：从计算结果可知，加油站油库在不同断面位置处的振动速度峰值范围为0.28～0.41mm/s，振动加速度峰值范围为13.7～17.8mm/s^2；加油站结构柱在不同断面位置处的振动速度峰值范围为0.04～0.07mm/s，振动加速度峰值范围为2.6～6.6mm/s^2；加油站顶棚在不同断面位置处的振动速度峰值范围为0.04～0.06mm/s，振动加速度峰值范围为0.85～1.04mm/s^2。

2. 频域振动特性分析

（1）油库振动

本节主要研究加油站油库的振动特性分布规律，图4-97仅给出了三个断面处油库振动速度及加速度的频谱曲线结果对比。

根据以上计算结果，可以得到以下结论：

① 从三个断面位置的油库振动速度频谱曲线可以看出，三个断面位置的油库振动速度频谱曲线基本一致，振动速度频谱的主振频率集中在15Hz以下，并在1.8Hz处出现明显峰值，由振源处振动速度频谱可知，该频率为列车运行激发的车辆-轨道-隧道系统自振频率。

② 从三个断面位置的油库振动加速度频谱曲线可以看出，三个断面位置的油库振动加速度频谱曲线基本一致，主振频率集中在10～50Hz之间，并在13.5Hz、22.5Hz、31.6Hz、48Hz处出现明显峰值，由振源处振动加速度频谱判断，应与振源处结构自身的振动频率有关。与振源处振动加速度频谱相比，50Hz以上的振动能量衰减较为明显。

（2）加油站结构振动

根据设计图，选取加油站靠近盾构隧道一侧的五个结构柱底部以及顶棚三个测点结果进行分析。限于篇幅，图4-98中给出了加油站地上三个结构柱底及三个顶棚断面在列车通过时的振动速度、加速度频谱曲线结果对比。

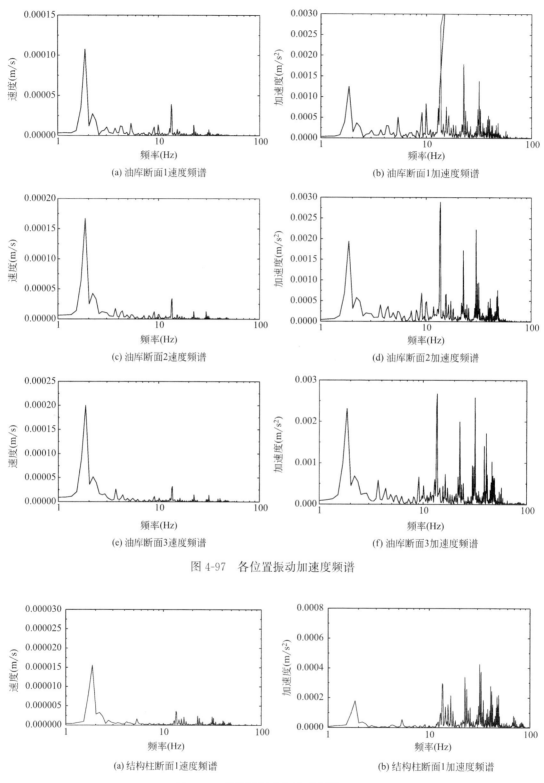

图 4-97 各位置振动加速度频谱

图 4-98 各位置振动加速度频谱（一）

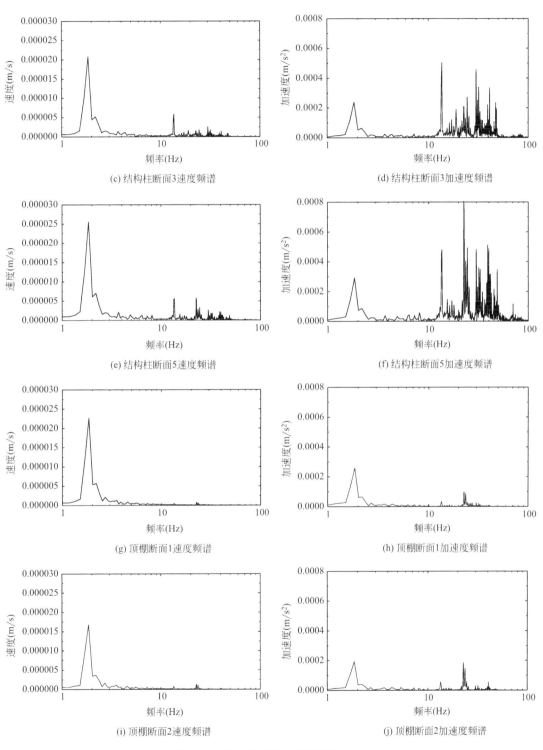

图 4-98 各位置振动加速度频谱（二）

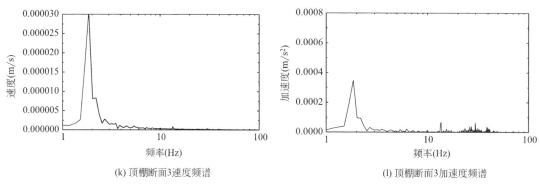

(k) 顶棚断面3速度频谱　　　　　　　　(l) 顶棚断面3加速度频谱

图 4-98　各位置振动加速度频谱（三）

根据以上计算结果，可以得到以下结论：

① 从三个断面位置的振动速度频谱曲线可以看出，结构柱的振动速度主频主要集中15Hz 以下，并在 1.8Hz 及 13.5Hz 出现两处较明显主振峰；顶棚振动频率主要集中在 1.8Hz，高于 3Hz 的振动能量基本已经充分衰减。由振源处振动速度频谱可知，该频率为列车运行激发的车辆-轨道-隧道系统自振频率。

② 从三个断面位置的振动加速度频谱曲线可以看出，三个断面位置的结构柱振动加速度频谱曲线基本一致，结构柱的主振频率集中在 10～50Hz 之间，并在 13.5Hz、22.5Hz、31.6Hz、48Hz 处出现明显峰值，50Hz 以上的振动能量衰减较为明显，与油库三个断面位置处的振动加速度频谱较为接近；顶棚的振动加速度主振频率主要集中在 3Hz 以下，说明高于 3Hz 的振动能量经过结构柱传播后已经充分衰减。

4.5.4.3　行车条件及轨道状态对系统动力特性影响

本节主要分析列车运行速度、上下行列车同时通过加油站区域以及轨道结构几何形位劣化等因素对于系统动力学特性的影响规律。

1. 列车运行速度

本节主要研究不同行车速度条件下加油站油库及地上结构各位置处的振动变化规律。考虑的行车速度分别为 80km/h、120km/h、160km/h。各位置的振动速度、加速度峰值以及 Z 振级、1/3 倍频程分频最大振级如图 4-99 所示。

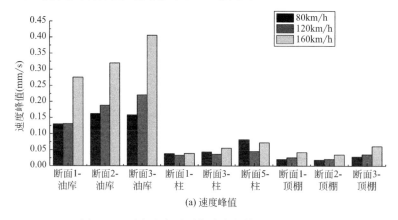

(a) 速度峰值

图 4-99　列车速度对系统动力学特性影响（一）

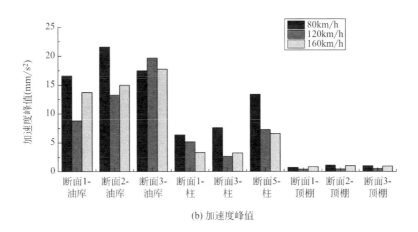

(b) 加速度峰值

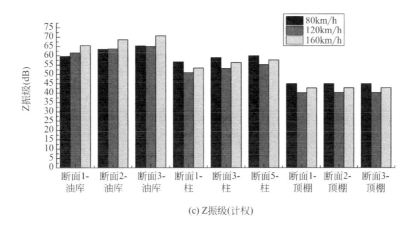

(c) Z振级(计权)

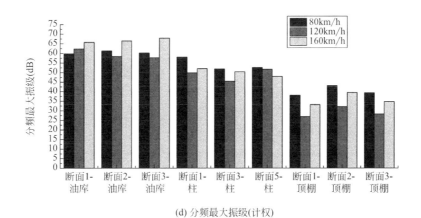

(d) 分频最大振级(计权)

图 4-99 列车速度对系统动力学特性影响（二）

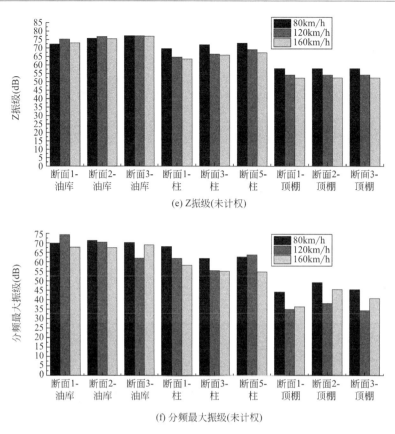

图 4-99 列车速度对系统动力学特性影响（三）

由以上计算结果可知，不同速度工况下，油库的振动速度始终大于加油站地上结构柱底及顶棚的振动速度；随着列车速度的降低，加油站各位置的振动速度均有所下降，油库振动速度下降最为显著。当车速降低至 80km/h 时，油库处的振动加速度峰值反而略高于 160km/h，为了进一步分析原因，图 4-100 中给出了速度 80km/h 及 160km/h 时油库位置处的振动加速度频谱对比。

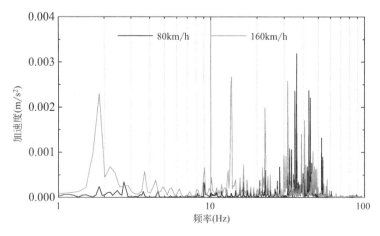

图 4-100 不同速度下振动加速度频谱对比

从频谱对比结果可以看出,车速为80km/h时,振动能量主要集中在35～60Hz之间,与场地土传播振动的卓越频率较为接近,当车速为160km/h时,振动能量分布在1.8Hz、13Hz、23Hz及30～50Hz附近,说明轮轨耦合振动激发了结构的多阶振动模态;当车速从160km/h下降至80km/h时,振动主频明显更加集中分布于35～60Hz附近,该频率与80km/h速度行车条件下0.6m扣件支撑间距形成的周期性激振频率37.03Hz更加接近,说明当列车以80km/h速度行驶时,扣件周期性支撑为轮轨耦合振动的主要激励来源,其引起的振动经场地土传播后引起结构产生的振动与160km/h行车条件下引起的结构振动水平基本相当。

当结合人体舒适度曲线进行计权分析后,相应的Z振级及分频最大振级均呈现出随车速下降而下降的规律,车速从160km/h下降至80km/h后,Z振级下降5.1～5.8dB;分频最大振级下降5.2～7.7dB。因此,当线路开通运营后,应从系统的振动特性角度出发有针对性地制定车速调整方案。

2. 列车单向行车及会车工况

根据线路开通后加油站附近列车的行车模式,主要分为靠近加油站一侧行车、远离加油站一侧行车及双向会车三种工况。相关计算结果如图4-101所示。

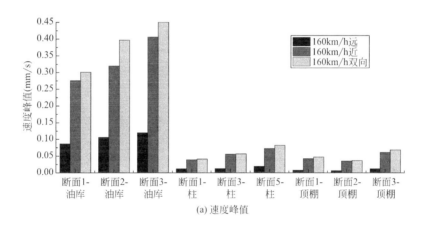

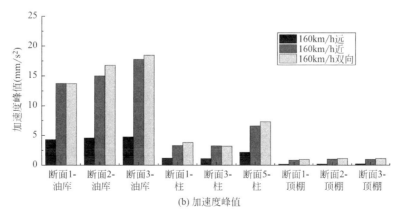

图4-101 会车工况对各位置振动特性的影响(一)

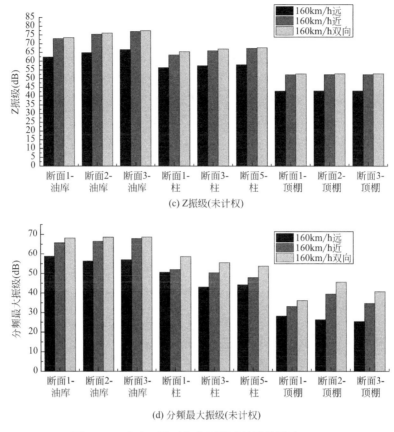

图 4-101 会车工况对各位置振动特性的影响（二）

由以上计算结果可知，远离加油站一侧隧道行车时，加油站的振动水平明显小于靠近加油站一侧行车及双向行车工况，靠近加油站一侧行车引起的加油站振动略小于双向行车工况。从振动加速度级角度分析，双向行车与单向行车引起的加油站油库位置 Z 振级为 73.0～77.4dB，二者基本一致，远侧隧道行车引起的加油站油库位置 Z 振级为 62.3～66.5dB。整体来看，远侧隧道距离加油站油库水平距离约为 27.2m，近侧隧道距离加油站距离约为 12m，近侧隧道行车引起的振动比远侧行车引起的加油站振动大 10.8～11.2dB。

3. 线路轨道几何劣化工况

线路开通后，轨道几何形位将不断发生退化，导致线路平顺性下降，轮轨振动增大，因此本节主要分析当线路轨道几何形位劣化后加油站区域的振动情况变化规律。根据前述，轨道不平顺样本在选取时主要选为美国六级谱，对应最高行车速度区间为 176km/h，对应的线路条件较好。为了模拟轨道几何形位劣化，本节选取美国三级谱作为劣化状态下的轮轨激励，对应的线路条件比美国六级谱不平顺幅值更大。相关计算结果如图 4-102 所示。

由以上计算结果可知，当线路轨道几何形位劣化后，轮轨之间的振动有所增大，导致加油站振动速度、加速度、Z 振级及分频最大振级等均有所增大。轨道几何形位劣化后，加油站油库位置 Z 振级增大 1.5~1.8dB，加油站地上结构 Z 振级增大 7.4~8.2dB；加油站油库分频最大振级增大 1.2~1.9dB，加油站地上结构分频最大振级增大 5.7~11.3dB。整体来看，轨道几何不平顺劣化对于加油站区域的振动影响较为显著，因此建议重点关注加油站区域的轨道几何状态，当线路几何状态不良时及时进行精调。

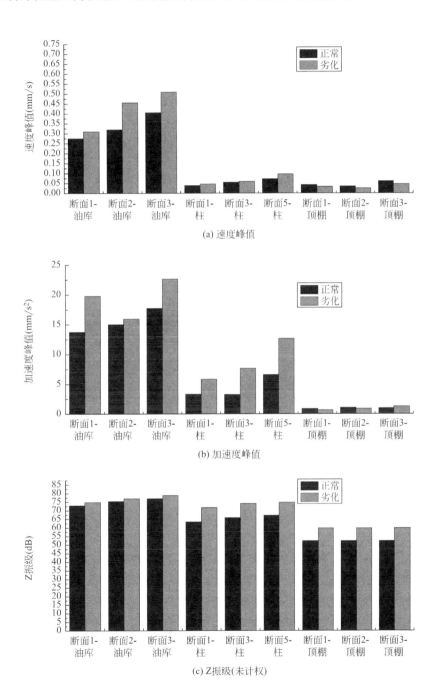

图 4-102 轨道几何形位劣化对各位置振动性能的影响（一）

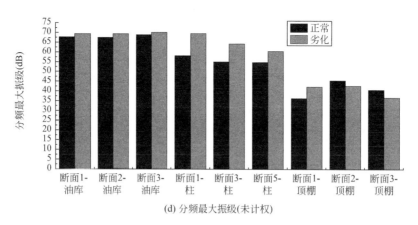

(d) 分频最大振级(未计权)

图 4-102 轨道几何形位劣化对各位置振动性能的影响（二）

4.5.4.4 加油站关键结构振动安全性评估

本节主要分析列车在线路最高设计速度下引起加油站地下油库及地上结构的振动情况，并结合国内外现行评价标准对各部分结构的振动安全性进行评估。

1. 加油站结构振动速度峰值对标分析

本节主要针对列车在最高设计运行速度下加油站油库及地上结构各位置处的振动速度峰值进行对标分析。

（1）油库振动

结合相关规范，图 4-103 给出了油库在三个断面位置的振动速度峰值对标结果。

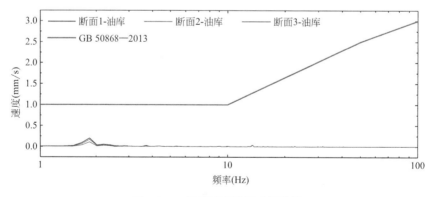

图 4-103 振动速度峰值对标结果

（2）加油站结构振动

根据设计图，选取加油站靠近盾构隧道一侧的五个结构柱底部以及顶棚三个测点结果进行分析。图 4-104、图 4-105 中给出了加油站地上结构柱底及三个断面顶棚在列车通过时的振动速度结果对比。

（3）对标结果分析

根据以上对标结果，其中油库底部振动速度峰值略大于加油站地上结构柱底及顶棚。通过与《建筑工程容许振动标准》（GB 50868—2013）规定的振动速度峰值相比，本次分析条件下 1～100Hz 频段内均远小于规范中给定的限值，因此满足相应振动速度峰值的安

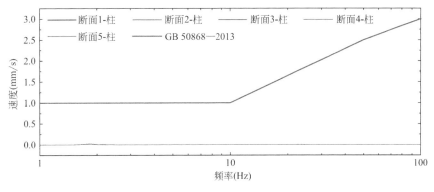

图 4-104　结构柱振动速度峰值对标结果

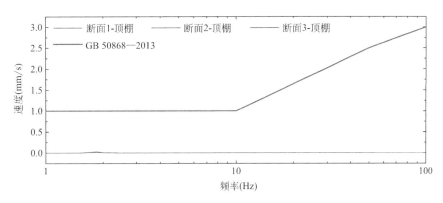

图 4-105　顶棚振动速度峰值对标结果

全评价标准。

2. 加油站结构振动速度有效值对标分析

本节主要针对列车在最高设计运行速度下加油站油库及地上结构各位置处的振动速度有效值进行对标分析。

（1）油库振动

结合相关规范，图 4-106 给出了油库在三个断面位置处的振动速度有效值对标结果。

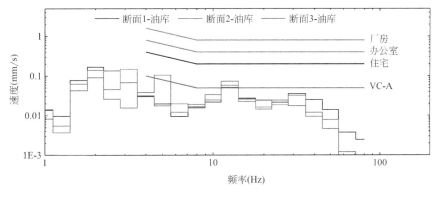

图 4-106　振动速度有效值对标结果

131

(2) 加油站结构振动

根据设计图,选取加油站靠近盾构隧道一侧的五个结构柱底部以及顶棚三个测点结果进行分析。图4-107、图108给出了加油站地上结构柱底及三个断面顶棚在列车通过时的振动速度结果对比。

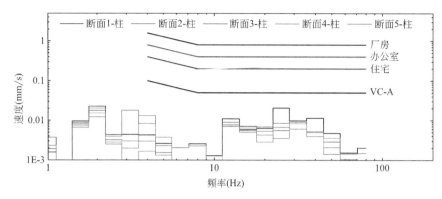

图4-107 结构柱振动速度有效值对标结果

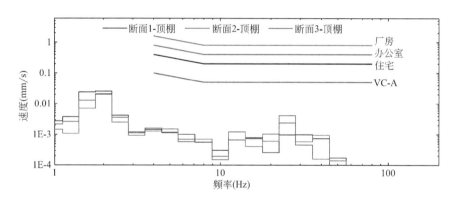

图4-108 顶棚振动速度有效值对标结果

(3) 对标结果分析

根据以上对标结果,其中油库底部振动速度有效值略大于加油站地上结构柱底及顶棚。按照VC评价方法中规定的厂房、住宅标准限值,本次分析条件下1~100Hz频段内均远小于规范中给定的限值。此外,VC评价方法中规定的VC-A限值曲线本身适用于400倍光学显微镜等高精密仪器,根据分析结果可知,除油库底部略微超过VC-A曲线外,其余结构均远小于VC-A限值,因此对于加油站结构而言,其振动满足相应振动速度有效值的安全评价标准。

3. 加油站结构振动加速度Z振级对标分析

本节主要针对列车在最高设计运行速度下加油站油库及地上结构各位置处的Z振级进行对标分析。

(1) 油库振动

结合相关规范,图4-109给出了油库在三个断面位置处的Z振级对标结果。

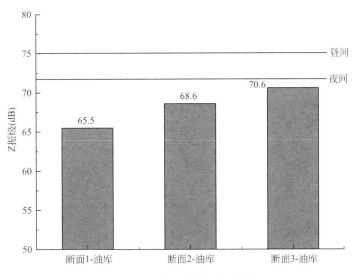

图 4-109 油库 Z 振级对标结果

(2) 加油站结构振动

根据设计图，选取加油站靠近盾构隧道一侧的五个结构柱底部以及顶棚三个测点结果进行分析。图 4-110、图 4-111 给出了加油站地上结构柱底及三个顶棚断面在列车通过时的 Z 振级结果对比。

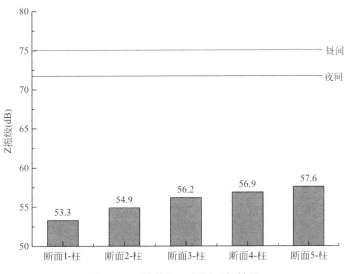

图 4-110 结构柱 Z 振级对标结果

(3) 对标结果分析

根据以上对标结果，油库底部 Z 振级略大于加油站地上结构柱底及顶棚，其中油库底部 Z 振级为 65.5～70.6dB，加油站结构柱底与顶棚结构 Z 振级为 53.3～57.8dB，顶棚略大于柱底，呈现一定的摆尾效应。按照我国现行 Z 振级评价方法中规定的昼间、夜间评价标准限值，本次分析条件下加油站结构的 Z 振级结果满足相应振级安全评价标准。

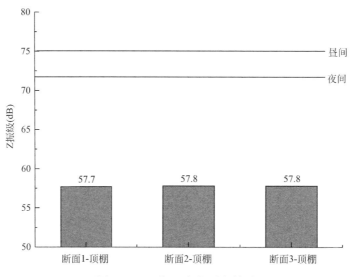

图 4-111　顶棚 Z 振级对标结果

4. 加油站结构振动加速度分频最大振级对标分析

本节主要针对列车在最高设计运行速度下加油站油库及地上结构各位置处的分频最大振级进行对标分析。

（1）油库振动

结合相关规范，图 4-112 给出了油库在三个断面位置的分频最大振级对标结果。

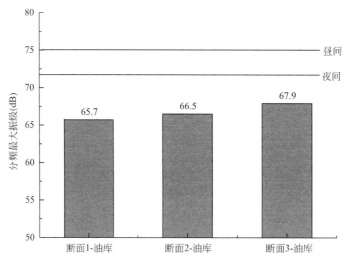

图 4-112　油库分频最大振级对标结果

（2）加油站结构振动

根据设计图，选取加油站靠近盾构隧道一侧的五个结构柱底部以及顶棚三个测点结果进行分析。图 4-113、图 4-114 给出了加油站地上结构柱底及三个顶棚断面在列车通过时的分频最大振级结果对比。

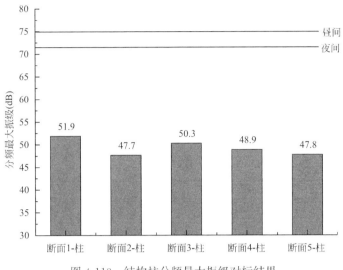

图 4-113 结构柱分频最大振级对标结果

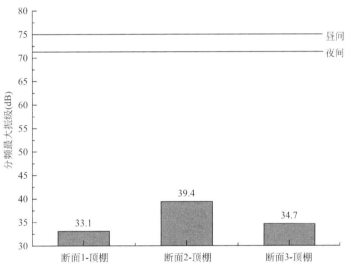

图 4-114 顶棚分频最大振级对标结果

(3) 对标结果分析

根据以上对标结果，油库底部分频最大振级大于加油站地上结构柱底及顶棚，其中油库底部分频最大振级为 65.7~67.9dB，加油站结构柱底分频最大振级为 47.7~51.9dB，顶棚分频最大振级为 33.1~39.4dB，顶棚分频最大振级略小于柱底。按照我国现行分频最大振级评价方法中规定的昼间、夜间评价标准限值，本次分析条件下加油站结构的分频最大振级结果满足相应振动安全评价标准。

4.5.5 小结

本章通过仿真计算，得到了地铁盾构隧道施工及试运营阶段列车运行引起的加油站结构振动安全评价指标,并结合现行规范对相关结构的振动安全性进行了评估,主要结论如下。

4.5.5.1 地铁隧道施工引起的加油站结构振动安全性评估

通过仿真计算,得到工况 1～6 各结构处对标结果汇总如表 4-30～表 4-35 所示。

工况 1 结果汇总 表 4-30

结构名称		测点	振动速度峰值 (GB 50868—2013) 1～10Hz:1.0mm/s 50Hz:2.5mm/s 100Hz:3.0mm/s	振动速度 有效值 (VC 标准)
加油站	结构柱	断面1	未超限	<VC-A 限值
		断面2	未超限	<VC-A 限值
		断面3	未超限	<VC-A 限值
		断面4	未超限	<VC-A 限值
		断面5	未超限	<VC-A 限值
	顶棚	断面1	未超限	<VC-A 限值
		断面2	未超限	<VC-A 限值
		断面3	未超限	<VC-A 限值
油库		断面1	未超限	<住宅限值
		断面2	未超限	<住宅限值
		断面3	未超限	<住宅限值

工况 2 结果汇总 表 4-31

结构名称		测点	振动速度峰值 (GB 50868—2013) 1～10Hz:1.0mm/s 50Hz:2.5mm/s 100Hz:3.0mm/s	振动速度 有效值 (VC 标准)
加油站	结构柱	断面1	未超限	<VC-A 限值
		断面2	未超限	<VC-A 限值
		断面3	未超限	<VC-A 限值
		断面4	未超限	<VC-A 限值
		断面5	未超限	<VC-A 限值
	顶棚	断面1	未超限	<VC-A 限值
		断面2	未超限	<VC-A 限值
		断面3	未超限	<VC-A 限值
油库		断面1	未超限	<住宅限值
		断面2	未超限	<住宅限值
		断面3	未超限	<住宅限值

工况 3 结果汇总　　　　　　　　　　　　　　　　表 4-32

结构名称		测点	振动速度峰值 (GB 50868—2013) 1~10Hz:1.0mm/s 50Hz:2.5mm/s 100Hz:3.0mm/s	振动速度 有效值 (VC 标准)
加油站	结构柱	断面 1	未超限	<VC-A 限值
		断面 2	未超限	<VC-A 限值
		断面 3	未超限	<VC-A 限值
		断面 4	未超限	<VC-A 限值
		断面 5	未超限	<VC-A 限值
	顶棚	断面 1	未超限	<VC-A 限值
		断面 2	未超限	<VC-A 限值
		断面 3	未超限	<VC-A 限值
油库		断面 1	未超限	<住宅限值
		断面 2	未超限	<住宅限值
		断面 3	未超限	<住宅限值

工况 4 结果汇总　　　　　　　　　　　　　　　　表 4-33

结构名称		测点	振动速度峰值 (GB 50868—2013) 1~10Hz:1.0mm/s 50Hz:2.5mm/s 100Hz:3.0mm/s	振动速度 有效值 (VC 标准)
加油站	结构柱	断面 1	未超限	<VC-A 限值
		断面 2	未超限	<VC-A 限值
		断面 3	未超限	<VC-A 限值
		断面 4	未超限	<VC-A 限值
		断面 5	未超限	<VC-A 限值
	顶棚	断面 1	未超限	<VC-A 限值
		断面 2	未超限	<VC-A 限值
		断面 3	未超限	<VC-A 限值
油库		断面 1	未超限	<住宅限值
		断面 2	未超限	<住宅限值
		断面 3	未超限	<住宅限值

工况 5 结果汇总　　　　　　　　　　　　　　　　　表 4-34

结构名称		测点	振动速度峰值 (GB 50868—2013) 1~10Hz:1.0mm/s 50Hz:2.5mm/s 100Hz:3.0mm/s	振动速度 有效值 (VC 标准)
加油站	结构柱	断面 1	未超限	<VC-A 限值
		断面 2	未超限	<VC-A 限值
		断面 3	未超限	<VC-A 限值
		断面 4	未超限	<VC-A 限值
		断面 5	未超限	<VC-A 限值
	顶棚	断面 1	未超限	<VC-A 限值
		断面 2	未超限	<VC-A 限值
		断面 3	未超限	<VC-A 限值
油库		断面 1	未超限	<住宅限值
		断面 2	未超限	<住宅限值
		断面 3	未超限	<住宅限值

工况 6 结果汇总　　　　　　　　　　　　　　　　　表 4-35

结构名称		测点	振动速度峰值 (GB 50868—2013) 1~10Hz:1.0mm/s 50Hz:2.5mm/s 100Hz:3.0mm/s	振动速度 有效值 (VC 标准)
加油站	结构柱	断面 1	未超限	<VC-A 限值
		断面 2	未超限	<VC-A 限值
		断面 3	未超限	<VC-A 限值
		断面 4	未超限	<VC-A 限值
		断面 5	未超限	<VC-A 限值
	顶棚	断面 1	未超限	<VC-A 限值
		断面 2	未超限	<VC-A 限值
		断面 3	未超限	<VC-A 限值
油库		断面 1	未超限	<住宅限值
		断面 2	未超限	<住宅限值
		断面 3	未超限	<住宅限值

1. 加油站及油库在《建筑工程容许振动标准》(GB 50868—2013)下各测点远小于标准限值，不存在超标现象，对于加油站结构，其振动满足相应振动速度峰值的安全评价标。

2. 加油站各测点在 VC 标准下，远小于标准限值，不存在超标现象；地下油库各测点在 VC 标准下，对于厂房、办公室、住宅不存在超标现象，对于 VC-A 标准振动速度有效值超标。此外，VC 评价方法中规定的 VC-A 限值曲线本身适用于 400 倍光学显微镜等高精密仪器，根据分析结果可知，除油库超过 VC-A 曲线外，其余结构均小于 VC-A 限值，因此对于加油站结构而言，其振动满足相应振动速度有效值的安全评价标准。

4.5.5.2 列车运行引起的加油站结构振动安全性评估

通过仿真计算，得到最不利工况下各结构处对标结果汇总如表 4-36 所示。

对标结果汇总 表 4-36

结构名称		测点	振动速度峰值 (GB 50868—2013) 1～10Hz:1.0mm/s 50Hz:2.5mm/s 100Hz:3.0mm/s	振动速度 有效值 (VC 标准)
加油站	结构柱	断面 1	未超限	<VC-A 限值
		断面 2	未超限	<VC-A 限值
		断面 3	未超限	<VC-A 限值
		断面 4	未超限	<VC-A 限值
		断面 5	未超限	<VC-A 限值
	顶棚	断面 1	未超限	<VC-A 限值
		断面 2	未超限	<VC-A 限值
		断面 3	未超限	<VC-A 限值
油库		断面 1	未超限	<住宅限值
		断面 2	未超限	<住宅限值
		断面 3	未超限	<住宅限值

1. 通过与《建筑工程容许振动标准》(GB 50868—2013) 规定的振动速度峰值相比，本次分析条件下加油站及地下油库 1～100Hz 频段内均远小于规范中给定的限值，因此满足相应振动速度峰值的安全评价标准。

2. 按照 VC 评价方法中规定的厂房、住宅标准限值，本次分析条件下 1～100Hz 频段内均远小于规范中给定的限值；VC-A 限值曲线本身适用于 400 倍光学显微镜等高精密仪器，除油库底部略微超过 VC-A 曲线外，其余结构均远小于 VC-A 限值，因此对于加油站结构而言，其振动满足相应振动速度有效值的安全评价标准。

4.6 油罐爆炸对城市轨道交通安全性影响实际案例分析

本节介绍了油罐爆炸模型的建立及相关参数，并以此为基础对油罐爆炸产生的地铁运营安全进行评估。

4.6.1 计算模型

爆炸的过程非常短暂，一般只有几毫秒到几秒钟的时间，甚至更短。在这个极短的时间内，物质迅速释放出大量能量，形成高温高压的气体和火焰，导致周围环境和物体瞬间受到巨大的冲击和破坏。前述的隐式求解方法不适用于小步长瞬态冲击的爆炸仿真模拟，因此需要采用显式动力学方法，建立相应计算模型。

4.6.1.1 计算软件简介

LS-DYNA 是全球使用最广泛的显式仿真程序，能够对材料在短时高强度载荷下的响应进行仿真。LS-DYNA 提供大量单元、接触公式、材料模型和其他控制功能，能通过设置控制问题的所有细节来仿真复杂的模型，以 Lagrange 算法为主，兼有 ALE 和 Euler 算法；以显式求解为主，兼有隐式求解功能；以结构分析为主，兼有热分析、流固耦合功能；以非线性动力分析为主，兼有静力分析功能。近年来，LS-DYNA 在隐式计算、S-ALE 流固耦合计算、DEM 离散元、NVH 分析、SPH 粒子法、EFG 无网格法、ICFD 不可压缩流体及流固耦合计算、CESE 高速可压缩流体计算、Peri-Dynamic 算法等领域均有快速的进步与发展。

爆炸问题的仿真分析在爆炸力学研究中正发挥着日益重要的作用，LS-DYNA 程序作为分析非线性冲击动力问题的有效工具，可用来成功地模拟各种介质中的爆炸过程及各类工程爆破过程。

在爆炸问题的处理上，最大的困难是结构的大变形有可能使有限元网格严重畸变，出现沙漏模态，会使计算过程动荡以及计算困难，更严重的时候会使计算过程终止。ALE 算法很好地解决了这个问题，这也正是这种算法在结构爆炸研究中得到广泛运用的原因。ALE 算法与传统的 Lagrange 算法的区别在于，ALE 算法有两层网格，空间网格可以任意进行运动，材料网格的变形可以输送到运动的空间网格中。而 Euler 算法则是处于 Lagrange 算法和 ALE 算法的中间状态，它是把材料网格的变形输送到固定的空间网格中，并非运动的空间网格。早在 2008 年，军械工程学院的米双山就基于流固耦合方法采用 LS-DYNA 进行了爆炸仿真分析。随着研究的不断进步，人们陆续将流固耦合运用至相关领域。

4.6.1.2 计算模型

模型以北京市轨道交通新机场线工程草桥—丽泽金融商务区区间盾构段隧道轴线方向为 z 轴，垂直隧道轴线为 x 轴，竖直方向为 y 轴。根据圣维南原理，模型在 x 轴方向上取 112m，z 轴方向上取 44m，因为盾构穿越地下油库影响区域总长约 42m，故模型在 y 轴方向上取 60m。

计算过程采用通用有限元软件 LS-DYNA，计算时假定围岩为连续介质，围岩、地下油库、盾构隧道、加油站结构等采用默认常应力单元（constant stress solid element）模拟，爆炸物与油采用 one point ALE multi-material element（ALE 多物质单元）。

等效后的 TNT 炸药单元采用 *MAT_HIGH_EXPLOSIVE_BURN 材料模型和 Jones-Wilkins-Lee（JWL）状态方程来描述，压力如下：

$$P = A\left(1 - \frac{\omega}{R_1 V}\right) e^{-R_1 V} + B\left(1 - \frac{\omega}{R_2 V}\right) e^{-R_2 V} + \frac{\omega E}{V} \tag{4-1}$$

式中：E——炸药单位体积爆轰能量（J/m^3，即 Pa），取 $7 \times 10^9 Pa$；

V——当前相对体积；

A——状态方程参数（Pa），取 $5.409 \times 10^{11} Pa$；

B——状态方程参数（Pa），取 $9.4 \times 10^9 Pa$；

R_1——状态方程参数，取 4.5；
R_2——状态方程参数，取 1.1；
ω——无量纲参数，取 0.35。

计算模型底部施加竖向位移约束，模型四周约束为各面的法向位移约束，底部以及四周设置无反射边界条件 *BOUNDARY_NON_REFLECTING，地表为自由面。

破坏准则方面，采用 maximum stress failure criteria（最大应力失效准则），通过设置关键字 *MAT_ADD_EROSION 使用 element erosion（单元删除法）表示材料的破坏。

根据草桥—丽泽金融商务区区间穿越加油站隧道和地下油库的空间位置关系，建立三维计算模型及计算模型网格划分效果如图 4-115 所示，模型共划分为 656026 个单元，694388 个节点。

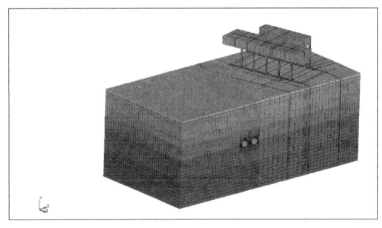

(a) 三维图

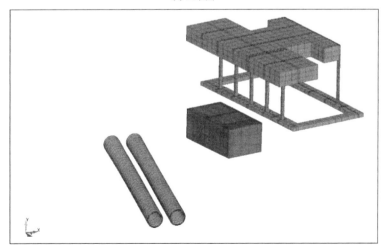

(b) 隧道、地下油库与加油站的位置关系图

图 4-115　盾构段隧道下穿地下油库计算模型示意图

4.6.1.3　计算参数

根据设计院提供的《工程地质纵剖面图》及《铁路隧道工程施工安全技术规程》（TB 10304—2020），模型各岩土土层计算参数如表 4-37 所示，为安全考虑，表中各土层参数

偏于保守。地下油库采用 C25 防渗钢筋混凝土，盾构管片采用 C50 钢筋混凝土。

岩土土层材料参数 表 4-37

名称	ρ (kg/m³)	E(MPa)	泊松比 μ
杂填土	1770	147.2	0.363
粉土素填土	1800	171	0.358
圆砾卵石	2200	276.5	0.354
⑤卵石	2400	506.1	0.285
⑦卵石	2500	1268.7	0.278
⑨卵石	2500	1806.7	0.71

4.6.1.4 爆炸荷载的模拟

相关文献中的实验表明，模拟油罐内的油气体积分数大小决定了爆炸是否发生，而罐内油气体积分数又和气温有关。在室温低于15℃的情况下，如果没有加热措施，罐内油气体积分数很难达到爆炸浓度下限。测得汽油油气体积分数的爆炸浓度下限是1%。即使罐内油气体积分数达到0.97%，爆炸仍没有发生。

模拟油罐的爆炸、火灾初期的主要模式为爆燃，然后才出现向燃烧发展形成火灾的可能。油罐内油气爆炸与油气体积分数、气温、点火能量强度等因素有关。油气体积分数分布特性是确定爆炸模式最关键的因素；不同的初始油气体积分数，给油罐带来不同的爆炸发展模式及不同的危险程度；气温对罐内油气体积分数起着决定性的影响。气温越低，罐内油气体积分数也越低，爆炸越不容易产生。从实验结果来看，油气爆炸压力最大超过1MPa，最小也有0.3MPa，这样的压力对大型储油罐来说，将产生断裂损伤，导致油罐的结构性破坏。如果油气爆炸没有抑爆阻爆措施任其发展，其危害程度对油罐来说是灾难性的。因此，爆炸压力波是油罐油气爆炸事故的主要破坏力。

为了简化模型，作以下几条假设[21]：油气混合物视为理想气体；模拟罐内均匀充满油气混合物，这时的爆炸最具危险性。

$$\frac{\partial \rho}{\partial t} + \frac{\partial}{\partial x_i}(\rho u_i) = 0 \tag{4-2}$$

$$\frac{\partial}{\partial t}(\rho u_i) + \frac{\partial}{\partial x_i}(\rho u_i u_j + p) = \frac{\partial}{\partial x_i}\left[(\tau_{ij})_{\text{eff}}\right] \tag{4-3}$$

$$\frac{\partial}{\partial t}(\rho f_s) + \frac{\partial}{\partial x_i}(\rho u_i f_s) = \frac{\partial}{\partial x_j}\left(D_{\text{eff}}\frac{\partial f_s}{\partial x_j}\right) - \omega_s \tag{4-4}$$

$$\frac{\partial}{\partial t}(\rho E) + \frac{\partial}{\partial x_i}\left[u_i(\rho E + p)\right] = \frac{\partial}{\partial x_j}\left[u_i(\tau_{ij})_{\text{eff}}\right] + \frac{\partial}{\partial x_j}\left[K_{\text{eff}}\frac{\partial T}{\partial x_j}\right] + \omega Q_s \tag{4-5}$$

$$\frac{\partial}{\partial t}(\rho \kappa) + \frac{\partial}{\partial x_i}(\rho \kappa u_i) = \frac{\partial}{\partial x_j}\left(\alpha_\kappa \mu_{\text{eff}}\frac{\partial \kappa}{\partial x_j}\right) + G_k - \rho\varepsilon - Y_M \tag{4-6}$$

$$\frac{\partial}{\partial t}(\rho\varepsilon) + \frac{\partial}{\partial x_i}(\rho\varepsilon u_i) = \frac{\partial}{\partial x_j}\left[\alpha_\varepsilon \mu_{\text{eff}}\left(\frac{\partial\varepsilon}{\partial x_j}\right)\right] + C_{1\varepsilon}\frac{\varepsilon}{\kappa}G_k - C_{2\varepsilon}\rho\frac{\varepsilon^2}{\kappa} - R_\varepsilon \tag{4-7}$$

式中各系数均按重整化群方法（Renormalization Group，RNG）推导出。对燃烧模型和流场方程通过组分和能量关系直接耦合。为捕捉到爆炸过程中的冲击波，本书对黏性项和无黏项采用不同格式计算。对于黏性项直接采用中心差分格式；对无黏项采用矢通分裂和重构算法。

对于典型的碳氢化合物的爆炸燃烧过程认为经历两步反应：

反应1：
$$\mathrm{CH} + \mathrm{O}_2 \longrightarrow \mathrm{F}_{mid} + Q_1 \tag{4-8}$$

反应2：
$$\mathrm{F}_{mid} + \mathrm{O}_2 \xrightarrow[end]{} \mathrm{F}_{end} + Q_2 \tag{4-9}$$

在计算中，以时均参数的 Arrhenius 公式计算第一步反应的时均化学反应速率；以 EBU 模型的涡破碎率计算第二步反应的时均反应速率。

$$\overline{\omega_1} \approx A_1 \rho^2 \overline{f_1^{\alpha_1} f_2^{\beta_1}} \exp\left(-\frac{E_1}{RT}\right) \tag{4-10}$$

$$\overline{\omega_2} \approx \omega_{2t} = C_l \rho \frac{k}{\varepsilon} g^{1/2} = C\rho \frac{k}{\varepsilon} \min(\overline{f_2}, \overline{f_3}) \tag{4-11}$$

4.6.2 计算工况与评价指标

4.6.2.1 计算工况

考虑到加油站油罐爆炸的风险，我们综合考虑不同条件下的爆炸风险，设置了4种工况。

1. 工况1，平时工况。一般运营情况下只有一个油罐爆炸，其他油罐不会连续起爆，加油站的一般运营情况是比较安全的。在这样的平时工况下，我们假设只有一个油罐满油，并且在极端情况下发生了爆炸。其他四个油罐被认为是未装有汽油的状态，从而降低了发生连锁爆炸的可能性。这种设置充分考虑了平时工况下的最不利情况。

2. 工况2。当正常运行情况下，加油站用油采取同时向五个油库取油时，每个油库可能留有不同余量储油。该情况下考虑最不利情况五个油罐都装有一定量的汽油，而且每个油罐都处于半满的状态。假设中间油罐发生爆炸，由于其他四个油罐都有一定量的汽油，爆炸可能引发连锁反应，导致其他油罐也发生爆炸。因此设置工况2，五个油罐装有容积50%的汽油，中间油罐发生爆炸。

3. 工况3。当正常运行情况下，加油站用油采取向一个油库取油，取完再向另一个油库取油时，可能出现某些油库处于满油状态。这种工况假设了最严重的情况，即有三个油罐同时装满汽油，而中间油罐发生爆炸。这种情况下，爆炸可能引发连锁反应，导致其他油罐也发生爆炸，造成更大范围的破坏和危害。设置中间油罐发生爆炸是因为在加油站的油库布局中，中间位置的油罐可能与其他油罐更为接近，而这样的配置可能会增加连锁反应的可能性。通过考虑中间油罐的爆炸，可以更准确地评估整个加油站的安全性。因此设置工况3，三个油罐装有容积100%的汽油，中间油罐发生爆炸。

4. 工况4。最不利情况下，五个油罐都有油。其中任一个油库单独爆炸都会引起五个油库爆炸，等于五个油罐同时起爆，因此考虑五个油罐装有容积100%的汽油，而当中间油罐发生爆炸时，周围的油罐可能因火焰、高温和压力等影响而引发爆炸，所以考虑中间油罐爆炸。因此设置工况4五个油罐装有容积100%的汽油，中间油罐发生爆炸。

根据以上设置的工况，我们对加油站的爆炸风险进行了全面评估。评估考虑了各种工况最不利情况下的爆炸可能性（表 4-38）。

各计算工况一览表　　　　　　表 4-38

工况	工况说明
工况 1	一个油罐满油并发生爆炸，其余四个为未装汽油
工况 2	五个油罐装有容积 50% 的汽油，中间油罐发生爆炸
工况 3	三个油罐装有容积 100% 的汽油，中间油罐发生爆炸
工况 4	五个油罐装有容积 100% 的汽油，中间油罐发生爆炸

4.6.2.2　评价指标选取

根据《爆破安全规程》（GB 6722—2014）规定，地面建筑物、电站（厂）中心控制室设备、隧道与巷道、岩石高边坡和新浇大体积混凝土的爆破振动判据，采用保护对象所在地基础质点峰值振动速度和主振频率。安全允许标准如表 2-8 所示。

4.6.3　油罐爆炸引起的振动传递特性分析

4.6.3.1　爆炸源处振动特性

本节主要研究爆炸作用下爆炸源处（油库壁）的时域特性，在油库沿爆炸波扩散方向上选取三个断面进行分析。通过仿真分析得到的油库壁振动速度及加速度时域曲线如图 4-116 所示。

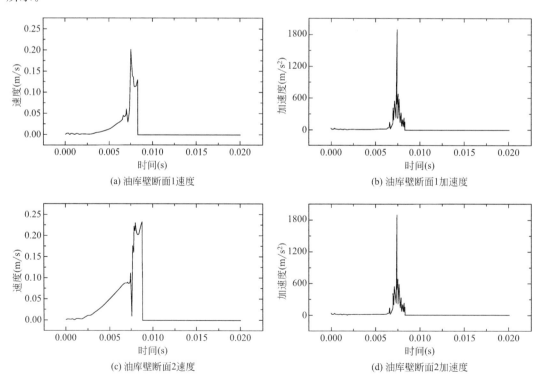

图 4-116　油库壁振动速度及加速度时域曲线（一）

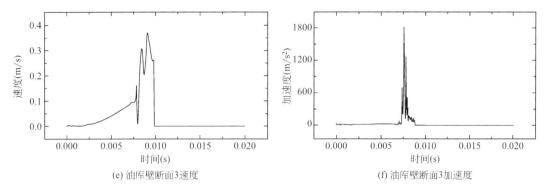

(e) 油库壁断面3速度　　　　　　　　　(f) 油库壁断面3加速度

图 4-116　油库壁振动速度及加速度时域曲线（二）

在爆炸冲击波传播方向上，各测点位置的振动速度、加速度时域最大值汇总如表 4-39 所示。

各指标时域最大值汇总　　　　表 4-39

受振体	位置	速度(m/s)	加速度(m/s²)
油库壁	断面 1	0.38	1.66×10^3
	断面 2	0.23	1.81×10^3
	断面 3	0.20	1.89×10^3

4.6.3.2　爆炸及波在土体中的传播特性

在爆炸发生的 0.01s 后，油库结构发生破碎失效，失效主要集中在 0.01~0.04s 之间（图 4-117）。爆炸产生的爆能使爆心附近的空气形成高温、高压状态并不断向外膨胀（图 4-118），在 0.04s 之后，基本以球面波的形式向外传播，随着冲击波传播距离的不断增大，波阵面压力逐渐衰减，在 $t=0.14s$ 时到达模型边界，通过无反射边界条件散出，以防止冲击波重新进入模型从而破坏结果。此过程符合空中爆炸空气冲击波传播规律，传播距离越远，爆炸空气冲击波衰减得越快。

为了更直观地研究地下结构受到的冲击波作用的规律，选取了引爆点与右线隧道连线上的 7 个单元，比较各单元所受冲击波超压随时间的变化情况（图 4-119）。

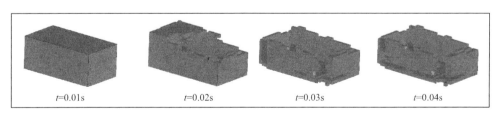

图 4-117　发生爆炸后油库结构破碎失效示意图

同时，爆炸冲击波也向上进行传播，影响着地上结构，以五个满油油罐发生爆炸（工况 4）为例，受爆炸影响，在建筑物前约 6.5m 处发生土体隆起，隆起高度约为 0.82m（图 4-120），对加油站的 x 方向位移具有较大影响。

145

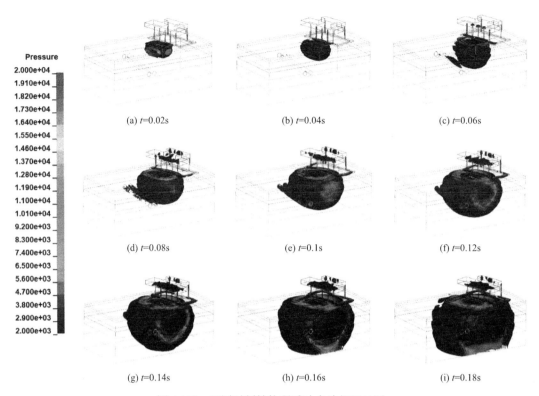

图 4-118 不同时刻结构所受冲击波超压云图

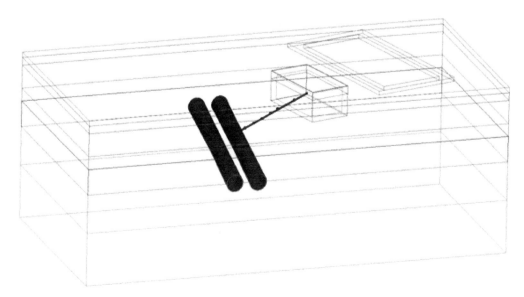

图 4-119 不同时刻右线隧道—引爆点连线各单元超压变化曲线（一）

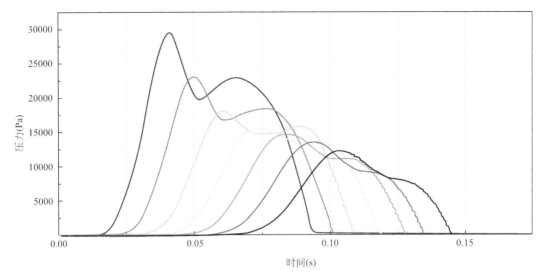

图 4-119 不同时刻右线隧道—引爆点连线各单元超压变化曲线（二）

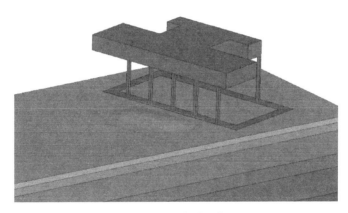

图 4-120 位移变化

4.6.3.3 盾构隧道结构振动安全评估

本节分别计算了草桥—丽泽金融商务区区间加油站油罐爆炸 4 种不同工况，各工况计算结果如下。

1. 工况 1

计算结果表明：在一个油罐满油并发生爆炸，其余四个为未装汽油的油库爆炸荷载作用下，隧道的最大主应力与最小主应力的最值都分布在右线隧道内侧上半部分，隧道在 x、y、z 方向的最大变形量较小，分别为 1.18mm、1.18mm、0.33mm。得到的隧道结构应力、变形云图如图 4-121、图 4-122 所示。

2. 工况 2

计算结果表明：在油库五个油罐装有容积50%的汽油，中间油罐发生爆炸的爆炸荷载作用下，隧道的最大主应力与最小主应力的最值都分布在右线隧道内侧上半部分，隧道在 x、y、z 方向的最大变形量较小，分别为 1.09mm、1.72mm、0.37mm。得到的隧道结构应力、变形云图如图 4-123、图 4-124 所示。

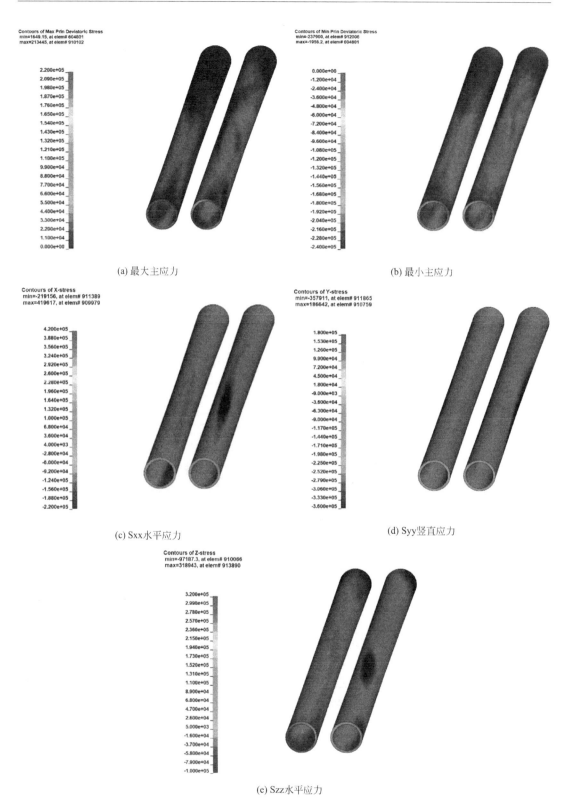

图 4-121　工况 1 隧道结构应力情况

4 城市轨道交通侧穿加油站实际案例分析

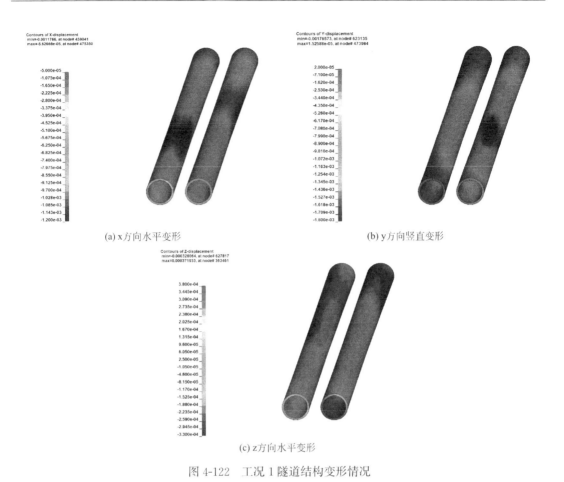

(a) x方向水平变形　　(b) y方向竖直变形

(c) z方向水平变形

图 4-122　工况 1 隧道结构变形情况

(a) 最大主应力　　(b) 最小主应力

图 4-123　工况 2 隧道结构应力情况（一）

149

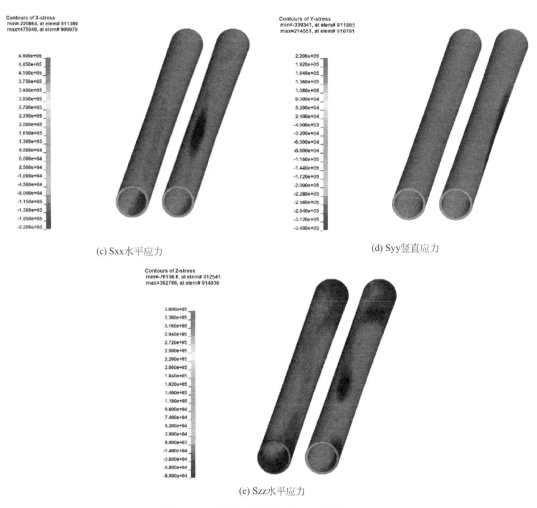

(c) Sxx水平应力　　　　　　　　　(d) Syy竖直应力

(e) Szz水平应力

图 4-123　工况 2 隧道结构应力情况（二）

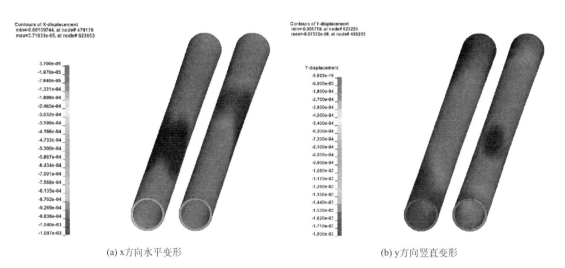

(a) x方向水平变形　　　　　　　　　(b) y方向竖直变形

图 4-124　工况 2 隧道结构变形情况（一）

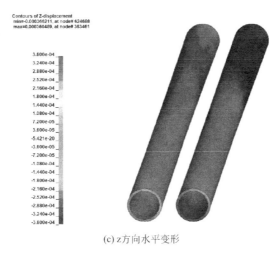

(c) z方向水平变形

图 4-124 工况 2 隧道结构变形情况（二）

3. 工况 3

计算结果表明：在一个油罐满油并发生爆炸，其余四个为未装汽油的油库爆炸荷载作用下，隧道的最大主应力与最小主应力的最值都分布在右线隧道内侧上半部分，隧道在 x、y、z 方向的最大变形量较小，分别为 1.17mm、1.71mm、0.37mm。得到的隧道结构应力、变形云图如图 4-125、图 4-126 所示。

4. 工况 4

计算结果表明：在油库五个油罐装有容积 100% 的汽油，中间油罐发生爆炸的爆炸荷载作用下，隧道的最大主应力与最小主应力的最值都分布在右线隧道内侧上半部分，隧道在 x、y、z 方向的最大变形量较小，分别为 1.17mm、1.79mm、0.37mm。得到的隧道结构应力、变形云图如图 4-127、图 4-128 所示。

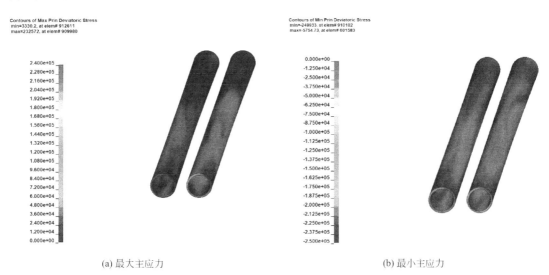

(a) 最大主应力　　　　　　　　　　　(b) 最小主应力

图 4-125 工况 3 隧道结构应力情况（一）

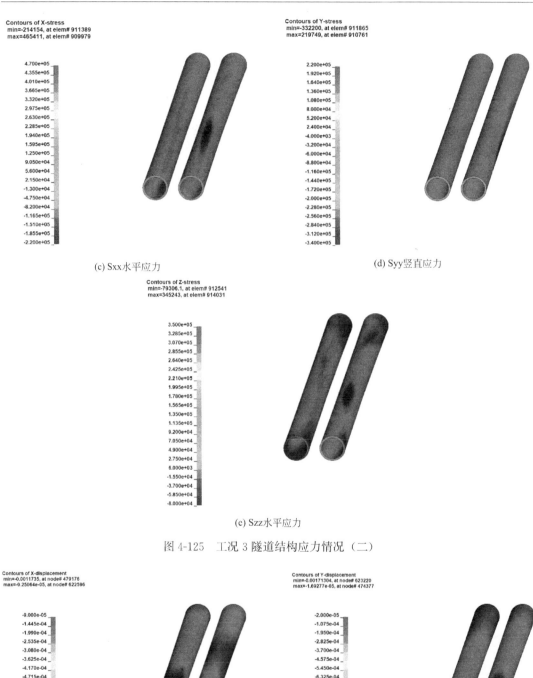

(c) Sxx水平应力 (d) Syy竖直应力

(e) Szz水平应力

图 4-125 工况 3 隧道结构应力情况（二）

(a) x方向水平变形 (b) y方向竖直变形

图 4-126 工况 3 隧道结构变形情况（一）

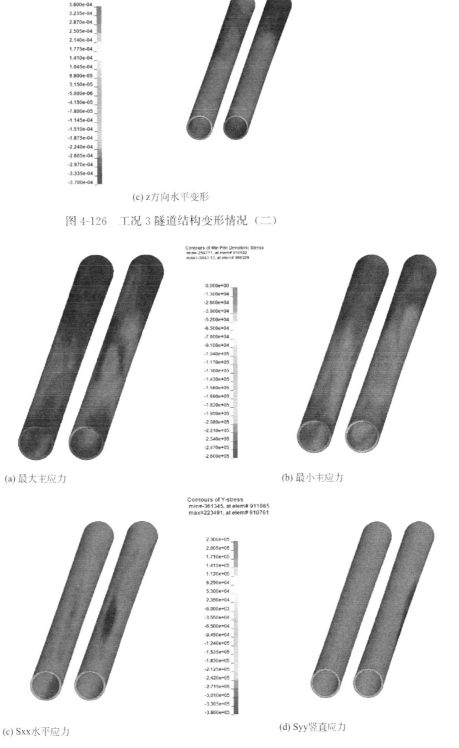

(c) z方向水平变形

图 4-126 工况 3 隧道结构变形情况（二）

(a) 最大主应力   (b) 最小主应力

(c) Sxx水平应力   (d) Syy竖直应力

图 4-127 工况 4 隧道结构应力情况（一）

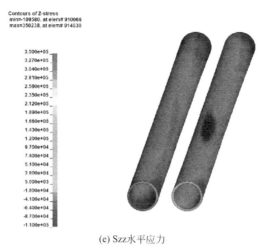

(e) Szz水平应力

图 4-127 工况 4 隧道结构应力情况（二）

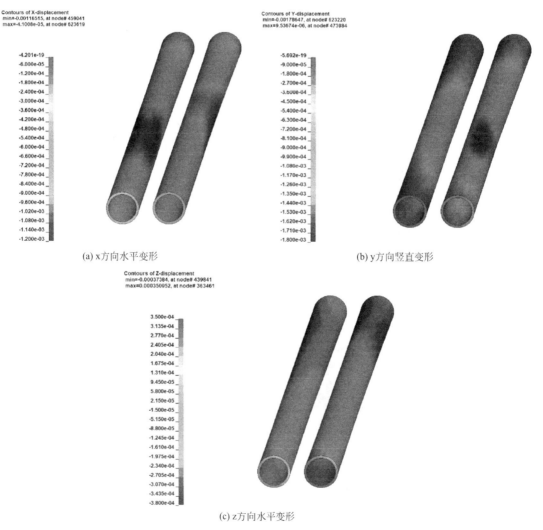

(a) x方向水平变形　　　　(b) y方向竖直变形

(c) z方向水平变形

图 4-128 工况 4 隧道结构变形情况

5. 振动速度对标分析

选取各工况下隧道结构处速度最大值进行对标分析，结果如图 4-129 所示。

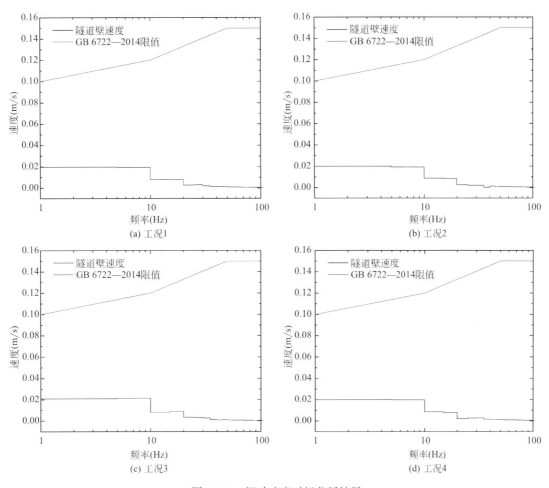

图 4-129　振动速度对标分析结果

根据以上对标结果可看出，通过与《爆破安全规程》（GB 6722—2014）规定的振动速度峰值相比，本次分析条件下 1~100Hz 频段内的振动速度峰值均远小于规范中给定的限值，因此满足相应振动速度峰值的安全评价标准。

4.6.4　小结

通过对盾构段隧道下穿地下油库的计算模型数值模拟，可以分析埋地油库爆炸对地下隧道结构的影响（表 4-40）。

计算结果汇总　　　　　　表 4-40

工况	结构	质点振动速度峰值
1	隧道管片	GB 6722—2014 限值
2	隧道管片	GB 6722—2014 限值

续表

工况	结构	质点振动速度峰值
3	隧道管片	GB 6722—2014 限值
4	隧道管片	GB 6722—2014 限值

由表 4-40 可知，本次分析条件下 1~100Hz 频段内的振动速度峰值均远小于规范中给定的限值，因此满足相应振动速度峰值的安全评价标准。

4.7 结论与建议

本次评估内容主要针对北京市轨道交通新机场线工程草桥—丽泽金融商务区区间盾构隧道侧穿中石化加油站引起的加油站结构及地下油库沉降变形、盾构隧道施工引起的加油站结构振动、试运营期间引起的加油站结构振动以及中石化加油站油库爆炸引起的地铁盾构隧道受力变形安全性等问题开展系统性安全评估。

4.7.1 结论

4.7.1.1 中石化加油站结构安全检测结果

1. 加油站外观检测评估

经现场检查，该加油站外观情况良好，未发现其他结构构件有影响使用功能或不适于继续承载的位移、构造缺陷。

2. 加油站几何尺寸检测评估

采用激光测距仪和游标卡尺检测该油罐和立柱的尺寸，检测结果如表 4-41 所示。

构件尺寸检测结果　　　　表 4-41

序号	构件位置	实测值(mm)
1	东 1 油罐地面位置直径	900
2	东 1 油罐距地 1.5m 位置直径	1400
3	东 2 油罐地面位置直径	900
4	东 2 油罐距地 1.5m 位置直径	1400
5	东 3 油罐地面位置直径	900
6	东 3 油罐距地 1.5m 位置直径	1400
7	东 4 油罐地面位置直径	900
8	东 4 油罐距地 1.5m 位置直径	1400
9	东 5 油罐地面位置直径	900
10	东 5 油罐距地 1.5m 位置直径	1400
11	东 1 油罐距离东 2 油罐距离	3500
12	东 2 油罐距离东 3 油罐距离	3500
13	东 3 油罐距离东 4 油罐距离	3500
14	东 4 油罐距离东 5 油罐距离	3500

续表

序号	构件位置	实测值(mm)
15	西2立柱钢构件厚度	6.91
16	西3立柱钢构件厚度	14.76
17	西4立柱钢构件厚度	15.00
18	西5立柱钢构件厚度	14.08

3. 加油站结构件强度检测评估

按照《回弹法检测混凝土抗压强度技术规程》（JGJ/T 23—2011）的规定，对该加油站油罐距地1.5m处混凝土构件进行抽查检测，检测推断混凝土强度为C25。

4. 加油站油库防腐涂层厚度检测评估

依据《钢结构现场检测技术标准》（GB/T 50621—2010）的有关规定，现场采用涂层测厚仪对钢构件防腐涂层厚度进行抽测，检测钢构件防腐涂层厚度为18.75μm。

4.7.1.2 新机场线盾构隧道施工引起的加油站结构沉降安全评估

1. 加油站油库及结构变形安全性评估

新机场线盾构隧道整个施工过程中，地下油库最大竖向变形为0.98mm，垂直于盾构隧道方向的最大水平变形为1.16mm，平行于盾构隧道方向的最大水平变形为0.20mm。加油站结构最大竖向变形为0.63mm，垂直于盾构隧道方向的最大水平变形为1.18mm，平行于盾构隧道方向的最大水平变形为0.64mm。整个施工期间，加油站区域的结构变形远小于10mm，满足规范规定的安全要求并具有一定的安全裕量。

2. 加油站油库及结构应力安全性评估

盾构隧道施工前，地下油库结构最大拉应力0.71MPa，最大压应力1.75MPa。盾构隧道施工过程期间，地下油库结构最大拉应力0.75MPa，最大压应力1.74MPa。整个施工期间，加油站区域的结构应力满足混凝土及钢结构的强度要求并具有较大的安全储备量。

3. 盾构隧道施工引起的加油站结构受力变形规律

1）右线（邻近加油站一侧）施工引起的加油站及地下油库结构变形大于左线施工时引起的结构变形。

2）当盾构掘进面驶入加油站区域，加油站及地下油库结构位移值增大；随着盾构掘进面驶出加油站区域，加油站及地下油库结构位移值减小。当左线施工完毕，右线盾构掘进面位于加油站区域正下方时引起的加油站结构变形值最大。

3）盾构隧道施工过程中，油库的最大压应力减小，最大拉应力增大。

4.7.1.3 新机场线施工及试运营引起的加油站结构振动安全评估

1. 盾构开挖引起的加油站结构安全评估

根据检算结果，在整个盾构隧道施工过程中，当掘进面位于最不利工况时各结构断面处的结果如表4-42所示。

根据检算结果，在新机场线盾构机整个掘进施工过程中，加油站油库以及加油站结构主体各测点的振动速度峰值、振动速度有效值均满足《建筑工程容许振动标准》（GB 50868—2013）、国际VC振动评价准则下给出的相应安全限值，加油站油库及结构主体满足相应振动安全评价标准，并具有一定的安全裕量。

结果汇总 表 4-42

结构名称		测点	振动速度峰值 (GB 50868—2013) 1～10Hz:1.0mm/s 50Hz:2.5mm/s 100Hz:3.0mm/s	振动速度 有效值 (VC 标准)
加油站	结构柱	断面 1	未超标	＜VC-A 限值
		断面 2	未超标	＜VC-A 限值
		断面 3	未超标	＜VC-A 限值
		断面 4	未超标	＜VC-A 限值
		断面 5	未超标	＜VC-A 限值
	顶棚	断面 1	未超标	＜VC-A 限值
		断面 2	未超标	＜VC-A 限值
		断面 3	未超标	＜VC-A 限值
油库		断面 1	未超标	＜住宅限值
		断面 2	未超标	＜住宅限值
		断面 3	未超标	＜住宅限值

2. 列车运行引起的加油站结构安全评估

根据检算结果，在列车线路最高设计速度下，加油站地下油库及地上结构各断面处结果如表 4-43 所示。

对标结果汇总 表 4-43

结构名称		测点	振动速度峰值 (GB 50868—2013) 1～10Hz:1.0mm/s 50Hz:2.5mm/s 100Hz:3.0mm/s	振动速度 有效值 (VC 标准)
加油站	结构柱	断面 1	未超标	＜VC-A 限值
		断面 2	未超标	＜VC-A 限值
		断面 3	未超标	＜VC-A 限值
		断面 4	未超标	＜VC-A 限值
		断面 5	未超标	＜VC-A 限值
	顶棚	断面 1	未超标	＜VC-A 限值
		断面 2	未超标	＜VC-A 限值
		断面 3	未超标	＜VC-A 限值
油库		断面 1	未超标	＜住宅限值
		断面 2	未超标	＜住宅限值
		断面 3	未超标	＜住宅限值

根据检算结果，新机场线按最高设计速度试运营条件下，加油站油库以及加油站结构主

体各测点的振动速度峰值、振动速度有效值均满足《建筑工程容许振动标准》(GB 50868—2013)、国际 VC 振动评价准则下给出的相应安全限值,加油站油库及结构主体满足相应振动安全评价标准,并具有一定的安全裕量。

3. 盾构机施工作业下引起的加油站振动规律

1)振动敏感频率分布:当左线施工完毕,右线盾构掘进至加油站下方时,结构柱的振动速度主频主要集中 40Hz 以下;顶棚振动频率主要集中在 10.5Hz 附近,高于 30Hz 的振动能量基本已经充分衰减;结构柱的主振频率集中在 10~50Hz 之间,50Hz 以上的振动能量衰减较为明显,与油库三个断面位置处的振动加速度频谱较为接近;顶棚的振动加速度主振频率主要集中在 20Hz 以下。

2)盾构隧道施工对加油站振动影响规律:右线(邻近加油站一侧)施工引起的加油站及地下油库结构振动大于左线施工时引起的结构振动;当盾构掘进面驶入加油站区域,加油站及地下油库结构振动速度及振级增大;随着盾构掘进面驶出加油站区域,加油站及地下油库结构振动速度及振级减小。当左线施工完毕,右线盾构掘进面位于加油站区域正下方时引起的加油站结构振动速度及振级最大。

4. 新机场线试运营引起的加油站振动规律

1)振动敏感频率分布:当列车以线路最高设计速度运行时,油库及加油站结构柱基础处各测点位置的振动速度频谱的主振频率集中在 15Hz 以下,顶棚振动频率主要集中在 1.8Hz 附近,高于 3Hz 的振动能量基本已经充分衰减;油库及加油站各结构振动加速度频谱曲线主振频率集中在 10~50Hz 之间,50Hz 以上的振动能量衰减较为明显。

2)车速变化影响规律:车速从 160km/h 下降至 80km/h 时,振动 Z 振级及分频最大振级均随车速下降而下降,其中 Z 振级下降 5.1~5.8dB;分频最大振级下降 5.2~7.7dB。

3)行车工况影响规律:双向行车与单独近侧行车引起的加油站油库位置 Z 振级为73.0~77.4dB,二者基本一致,单独远侧隧道行车引起的加油站油库位置 Z 振级为 62.3~66.5dB,明显小于靠近加油站一侧行车及双向行车工况。说明近侧行车振动对加油站影响更为显著。

4)线路平顺性变化影响规律:新机场线最高设计速度为 160km/h,本次仿真计算选用了适用于 160km/h 速度等级的美国六级谱,当线路平顺性发生劣化后,相应轨道不平顺由美国六级谱变化为美国三级谱(对应最高速度 96km/h,适用于城轨、新机场线线路)时,引起加油站油库位置 Z 振级增大 1.5~1.8dB,加油站地上结构 Z 振级增大 7.4~8.2dB。

4.7.1.4 油库爆炸对新机场线结构振动安全影响分析及安全评估

1. 油库爆炸对新机场线结构安全性影响评估

本次评估条件下,五个油罐装有满油且同时爆炸的情况为最不利工况,该工况下的对标结果如表 4-44 所示。

计算结果汇总　　　　表 4-44

工况	结构	质点振动速度峰值(m/s)
1	隧道管片	GB 6722—2014 限值
2	隧道管片	GB 6722—2014 限值

续表

工况	结构	质点振动速度峰值(m/s)
3	隧道管片	GB 6722—2014 限值
4	隧道管片	GB 6722—2014 限值

根据验算结果，在最不利工况下，加油站油库发生爆炸引起的邻近盾构隧道振动均远小于规范中给定的限值，满足相应振动速度峰值的安全评价标准并具有一定的安全裕量。

2. 油库爆炸对新机场线结构安全性影响规律

1) 油库爆炸引起的振动波传播特性：五个油罐装有满油且同时爆炸的情况下，在爆炸发生后 0.01~0.04s 之间，油库结构发生破碎失效。同时，爆炸冲击波也向上传播，并引起油库上方地表发生土体隆起，隆起高度约为 0.82m。爆炸波以球面波的形式向外传播，并随着冲击波传播距离的增大而衰减。

2) 储油量对爆炸引起的隧道振动影响：油库中装有的汽油及柴油体积越大，引起的爆炸冲击波超压越大，传递至隧道时引起的隧道振动速度峰值越大，从而引起的隧道结构位移、应力越大。

4.7.2 建议

为了严格控制北京市轨道交通新机场线工程草桥—丽泽金融商务区区间侧穿中石化加油站引起的安全性影响，保障加油站及地下油库的安全，主要建议如下：

1. 由于油库距离盾构隧道更近，根据本次评估结果，盾构隧道施工及试运营过程中油库的受力、变形及振动情况均大于加油站地上结构，因此在施工过程中应重点关注油库的受力变形及振动情况。

2. 施工期间，配合相关人员加强对加油站结构的检查和巡视。在条件允许的情况下，建议施工单位、监理单位能够结合盾构机施工进度，在盾构机抵达加油站附近区域时对加油站结构及油库的结构变形、沉降以及振动情况开展检测监测，并合理设置监测井，在必要时对施工过程中的渗漏情况、地下水等进行采样，及时掌握近接施工阶段下加油站区域及结构的变形及振动情况。当变形达到其预警值时，应停止施工，分析变形过大的原因，采取合理措施控制变形的进一步发展。

3. 在列车运营条件下，靠近加油站一侧的列车运营引起的加油站结构振动更加显著，同时在轨道几何不平顺劣化后还会引起加油站及油库振动进一步增大，因此列车运营后建议对轨道几何、车辆状态进行及时、合理的维护及保养。

4. 本区间隧道大部分区段位于卵石圆砾地层内，盾构法施工应考虑卵石粒径大小，并考虑卵石地层中分布有漂石，其具粒径大、分布随机性强、强度高等特点，可能造成盾构掘进效率降低的情况。

5. 加强对设计单位和施工单位的管理，确保设计单位所提出的隧道支护措施能够保质保量并按时完成，保证支护措施能够正常发挥作用。

6. 盾构段施工应根据实际穿越地层情况的变化，选择合适的推进模式，严格保持盾构姿态并及时调整盾构顶力和注浆量以及掘进参数等。

7. 施工完成后，应对加油站油库结构进行检测，如发现异常现象，应进行相应处理。

8. 建议利用帷幕注浆对盾构隧道和地下油库间的土体进行加固，可减小地表沉降并避免油罐破损泄漏。

9. 加强新机场线设备的日常维护和安全检查，从而确保各种设备可以安全运行，做到以安全预防为主。

10. 油库爆炸将引起油库底部结构防渗层破坏，导致汽油下渗，引起次生灾害。因此建议对隧道与油库之间的土层进行注浆防渗处理。

参 考 文 献

[1] 李杏谱. 纽约地铁发展史 [J]. 国际科技交流, 1987 (5): 41-42.
[2] 朱祖熹. 布达佩斯地铁百年纪念 [J]. 城市公用事业, 1997 (06): 005.
[3] 禹丹丹, 韩宝明, 李得伟. 波士顿地铁线路布局及运营组织特点 [J]. 都市快轨交通, 2012, 25 (3): 115-119.
[4] 刘少才. 巴黎地铁: 驶过世纪的彼岸 [J]. 城市开发, 2012 (24): 86-87.
[5] 曹小曙, 林强. 世界城市地铁发展历程与规律 [J]. 地理学报, 2008, 63 (12): 1257-1267.
[6] 彭颖. 吊车荷载作用下地铁上盖物业振动舒适度和噪声研究 [D]. 武汉: 武汉理工大学, 2013.
[7] 赵娜. 地铁上盖物业的振动舒适度研究 [D]. 武汉: 武汉理工大学, 2013.
[8] 刘卫丰, 刘维宁, 马蒙, 等. 地铁列车运行引起的振动对精密仪器的影响研究 [J]. 振动工程学报, 2012, 25 (2): 130-137.
[9] 马蒙, 刘维宁, 郑胜蓝, 等. 古建筑振动标准分级探讨 [J]. 文物保护与考古科学, 2013, 25 (1): 54-60.
[10] 马蒙, 韩嵩, 刘维宁, 等. 地铁与路面交通振动对精密仪器的影响测试 [J]. 北京交通大学学报, 2012, 36 (4): 50-54.
[11] 康熊. 铁路计算机仿真技术 [M]. 北京: 中国铁道出版社, 2010.
[12] 王澜, 姚明初. 轨道结构随机振动理论及其在轨道结构减振研究中的应用 [J]. 中国铁道科学, 1989 (2): 41-59.
[13] 徐志胜, 翟婉明. 高速铁路轮轨噪声预测分析 [J]. 中国铁道科学, 2004 (01): 21-28.
[14] 方锐. 轮轨系统振动——声辐射特性研究 [D]. 成都: 西南交通大学, 2008.
[15] 夏禾. 交通环境振动工程 [M]. 北京: 科学出版社, 2010.
[16] 谷天峰. 郑西客运专线黄土地基振 (震) 陷研究 [D]. 西安: 西北大学, 2007.
[17] 袁晓铭, 孙锐, 孙静, 等. 常规土类动剪切模量比和阻尼比试验研究 [J]. 地震工程与工程振动, 2000 (4): 133-139.
[18] 杨永斌. 高速列车所引起致之土壤振动分析 [R]. 1995.
[19] 张宝才. 浅埋地下工程及相关系统振动控制的工程实践和理论分析 [D]. 北京: 中国铁道科学研究院, 2002.
[20] 翟婉明, 韩海燕. 高速列车运行于软土地基线路引起的地面振动研究 [J]. 中国科学: 技术科学, 2012, 42 (10): 1148-1156.
[21] 高建丰, 杜扬, 蒋新生, 等. 模拟油罐油气混合物爆炸实验与数值仿真研究 [J]. 后勤工程学院学报, 2007 (01): 79-83.
[22] 刘晶波, 王振宇, 杜修力, 等. 波动问题中的三维时域粘弹性人工边界 [J]. 工程力学, 2005 (6): 46-51.
[23] 蒋通, 张昕. 用黏性边界有限元法分析弹性半无限地基中的动力问题 [J]. 力学季刊, 2004 (4): 535-540.
[24] 谷音, 刘晶波, 杜义欣. 三维一致粘弹性人工边界及等效粘弹性边界单元 [J]. 工程力学, 2007, 24 (12): 31-37.

附录 加油站振动类比测试结果

附录1 右安门加油站数据统计

(一) 时域指标统计

新机场线引起右安门加油站振动各指标统计如下：

右安门加油站振动各指标统计　　　　　　　　　表1

	测点	1次	2次	3次	4次	5次	6次	7次	8次	9次	10次
最大加速度统计（mm/s²）	1	15.93	16.93	16.93	14.48	12.62	22.37	18.50	16.52	16.52	12.62
	2	12.27	12.27	10.94	10.94	19.02	19.02	21.05	13.72	13.72	19.79
	3	14.60	11.59	12.01	14.82	16.40	16.40	17.46	17.46	14.74	14.74
	4	5.89	7.78	9.75	8.40	10.46	10.46	12.47	9.24	11.90	11.43
最大速度统计（mm/s）	1	0.23	0.23	0.13	0.23	0.21	0.21	0.20	0.21	0.21	0.12
	2	0.19	0.19	0.09	0.11	0.09	0.07	0.09	0.10	0.06	0.11
	3	0.13	0.11	0.08	0.06	0.16	0.16	0.10	0.08	0.02	0.08
	4	0.18	0.18	0.11	0.11	0.21	0.17	0.21	0.12	0.22	0.22
	测点	11次	12次	13次	14次	15次	16次	17次	18次	19次	20次
最大加速度统计（mm/s²）	1	12.94	15.15	21.58	15.15	25.37	13.19	25.37	11.26	8.81	16.52
	2	12.93	39.58	10.80	15.58	15.58	32.16	29.14	10.18	15.58	10.80
	3	15.51	17.46	16.99	9.66	15.51	17.46	24.04	25.72	9.66	20.88
	4	10.38	12.47	13.42	10.59	12.64	10.38	23.61	21.10	12.64	7.87
最大速度统计（mm/s）	1	0.23	0.23	0.13	0.23	0.21	0.21	0.20	0.21	0.21	0.12
	2	0.16	0.16	0.09	0.09	0.11	0.14	0.14	0.11	0.12	0.16
	3	0.30	0.30	0.16	0.16	0.08	0.15	0.15	0.19	0.16	
	4	0.18	0.18	0.11	0.18	0.21	0.17	0.17	0.12	0.22	0.22

新机场线引起油库振动各指标统计如下：

油库振动各指标统计　　　　　　　　　表2

	测点	1次	2次	3次	4次	5次	6次	7次	8次	9次	10次
最大加速度统计(mm/s²)	6	9.09	19.06	9.95	14.46	13.28	15.25	15.25	9.97	11.50	22.06
	8	9.74	17.74	23.35	13.73	15.87	16.36	21.57	18.47	32.15	29.62
最大速度统计(mm/s)	6	0.07	0.09	0.07	0.10	0.10	0.07	0.08	0.08	0.08	0.08
	8	0.12	0.07	0.07	0.07	0.07	0.11	0.08	0.11	0.11	0.07

续表

	测点	11次	12次	13次	14次	15次	16次	17次	18次	19次	20次
最大加速度统计(mm/s^2)	6	20.62	7.33	8.29	15.25	9.97	11.50	6.12	15.25	9.97	11.50
	8	14.37	10.40	14.37	23.16	9.33	10.94	14.66	13.91	13.16	22.31
最大速度统计(mm/s)	6	0.08	0.09	0.08	0.09	0.08	0.10	0.10	0.10	0.06	0.10
	8	0.20	0.12	0.11	0.11	0.07	0.06	0.07	0.06	0.12	0.08

(二）频域指标统计

新机场线引起右安门加油站振动各指标统计如下：

右安门加油站振动各指标统计　　　　表3

	测点	1次	2次	3次	4次	5次	6次	7次	8次	9次	10次
最大速度指标(mm/s)	1	0.08	0.08	0.04	0.08	0.07	0.07	0.09	0.07	0.07	0.07
	2	0.09	0.07	0.04	0.06	0.04	0.05	0.05	0.05	0.03	0.04
	3	0.06	0.06	0.03	0.03	0.08	0.08	0.04	0.04	0.04	0.03
	4	0.07	0.07	0.07	0.07	0.07	0.08	0.04	0.05	0.09	0.09
	测点	11次	12次	13次	14次	15次	16次	17次	18次	19次	20次
最大速度指标(mm/s)	1	0.07	0.07	0.10	0.10	0.08	0.08	0.12	0.07	0.10	0.10
	2	0.04	0.05	0.05	0.05	0.06	0.07	0.05	0.06	0.07	0.06
	3	0.03	0.04	0.06	0.07	0.07	0.06	0.05	0.05	0.05	0.03
	4	0.08	0.09	0.06	0.09	0.09	0.07	0.07	0.07	0.07	0.07

新机场线引起油库振动各指标统计如下：

油库振动各指标统计　　　　表4

	测点	1次	2次	3次	4次	5次	6次	7次	8次	9次	10次
最大速度指标(mm/s)	6	0.03	0.03	0.03	0.023	0.05	0.03	0.01	0.037	0.03	0.03
	8	0.03	0.01	0.03	0.01	0.01	0.02	0.01	0.01	0.01	0.02
	测点	11次	12次	13次	14次	15次	16次	17次	18次	19次	20次
最大速度指标(mm/s)	6	0.02	0.03	0.03	0.03	0.03	0.03	0.03	0.03	0.03	0.02
	8	0.02	0.02	0.01	0.01	0.01	0.01	0.01	0.01	0.02	0.02

（三）分频最大振级

新机场线引起右安门加油站振动分频最大振级各指标统计如下：

右安门加油站振动分频最大振级各指标统计　　　　表5

	测点	1次	2次	3次	4次	5次	6次	7次	8次	9次	10次
分频最大振级(dB)	1	64.4	73.5	73.5	66.4	69.6	75.3	69.3	69.2	69.2	69.6
	2	65.6	65.6	72.2	72.2	69.5	69.5	71.9	66.2	64.0	70.6

续表

	测点	1次	2次	3次	4次	5次	6次	7次	8次	9次	10次
分频最大振级(dB)	3	63.8	70.5	73.4	73.6	69.6	69.6	71.2	71.2	65.3	64.2
	4	63.5	67.8	71.0	69.8	74.3	74.3	72.6	71.3	70.4	72.3
	测点	11次	12次	13次	14次	15次	16次	17次	18次	19次	20次
分频最大振级(dB)	1	62.4	67.5	71.4	67.5	72.0	64.6	72.0	65.0	63.9	66.9
	2	66.9	75.6	64.9	67.2	67.2	73.8	72.6	65.9	67.2	64.9
	3	64.2	71.2	64.6	69.7	64.2	71.2	73.2	74.0	69.7	77.4
	4	71.5	72.6	72.6	71.9	72.6	71.5	78.3	78.1	72.6	67.8

新机场线引起油库振动分频最大振级各指标统计如下：

油库振动分频最大振级各指标统计 表6

	测点	1次	2次	3次	4次	5次	6次	7次	8次	9次	10次
分频最大振级(dB)	6	61.5	72.7	63.3	72.4	62.8	67.3	67.3	65.3	64.6	70.8
	8	67.4	69.9	74.4	68.4	67.3	68.0	69.4	67.2	75.4	71.6
	测点	11次	12次	13次	14次	15次	16次	17次	18次	19次	20次
分频最大振级(dB)	6	70.4	64.4	61.4	67.3	64.6	61.3	67.3	65.3	64.6	64.6
	8	66.8	62.0	66.8	71.5	63.8	62.8	64.4	64.8	66.7	70.8

（四）Z振级

新机场线引起右安门加油站振动Z振级各指标统计如下：

右安门加油站振动Z振级各指标统计 表7

	测点	1次	2次	3次	4次	5次	6次	7次	8次	9次	10次
Z振级(dB)	1	70.5	77.9	77.9	72.3	74.4	78.0	74.0	75.4	74.3	74.4
	2	70.6	70.1	75.9	75.9	74.4	74.5	76.4	72.0	71.3	75.3
	3	70.8	75.0	76.3	77.4	74.0	74.2	76.7	76.7	71.7	71.3
	4	67.9	68.3	68.9	73.3	71.2	71.0	71.1	67.6	69.8	74.3
	测点	11次	12次	13次	14次	15次	16次	17次	18次	19次	20次
Z振级(dB)	6	73.3	69.4	66.6	72.6	67.3	68.8	66.6	72.6	67.3	68.8
	8	71.7	68.6	71.7	76.3	69.7	68.2	70.3	68.3	72.0	73.2

新机场线引起油库振动Z振级各指标统计如下：

油库振动Z振级各指标统计 表8

	测点	1次	2次	3次	4次	5次	6次	7次	8次	9次	10次
Z振级(dB)	6	67.5	74.5	68.6	75.3	68.3	72.6	72.6	67.3	68.8	73.5
	8	72.4	74.5	76.4	71.2	73.1	70.6	76.3	72.2	78.0	76.1

续表

	测点	11次	12次	13次	14次	15次	16次	17次	18次	19次	20次
Z振级 (dB)	6	73.3	69.4	66.6	72.6	67.3	68.8	66.6	72.6	67.3	68.8
	8	71.7	68.6	71.7	76.3	69.7	68.2	70.3	68.3	72.0	73.2

附录2 玉泉营加油站统计

(一) 时域指标统计

新机场线引起玉泉营加油站振动各指标统计如下：

玉泉营加油站振动各指标统计　　　　　　表9

	测点	1次	2次	3次	4次	5次	6次	7次	8次	9次	10次
最大加速度统计 (mm/s^2)	1	15.93	16.93	16.93	14.48	12.62	22.37	18.50	16.52	16.52	12.62
	2	12.27	12.27	10.94	10.94	19.02	19.02	21.05	13.72	13.72	19.79
	3	14.60	11.59	12.01	14.82	16.40	16.40	17.46	17.46	14.74	14.74
	4	5.89	7.78	9.75	8.40	10.46	10.46	12.47	9.24	11.90	11.43
最大速度统计 (mm/s)	1	0.23	0.23	0.13	0.23	0.21	0.21	0.20	0.21	0.21	0.12
	2	0.19	0.19	0.09	0.11	0.09	0.07	0.09	0.10	0.06	0.11
	3	0.13	0.11	0.08	0.06	0.16	0.16	0.10	0.08	0.02	0.08
	4	0.18	0.18	0.10	0.11	0.21	0.17	0.21	0.12	0.22	0.22
	测点	11次	12次	13次	14次	15次	16次	17次	18次	19次	20次
最大加速度统计 (mm/s^2)	1	11.01	63.51	20.66	20.66	40.08	55.40	20.66	11.63	28.35	55.40
	2	11.25	41.49	20.04	41.49	27.56	27.56	51.15	20.04	12.25	20.11
	3	61.21	9.87	42.17	42.17	24.86	24.86	18.13	59.15	66.26	59.15
	4	48.03	15.41	31.47	41.67	41.67	11.01	12.64	20.52	11.37	9.90
最大速度统计 (mm/s)	1	0.27	0.27	0.25	0.25	0.22	0.22	0.25	0.16	0.25	0.25
	2	0.16	0.12	0.12	0.20	0.20	0.13	0.13	0.10	0.20	0.27
	3	0.19	0.19	0.22	0.22	0.23	0.25	0.15	0.08	0.17	0.15
	4	0.16	0.19	0.15	0.19	0.19	0.17	0.17	0.11	0.31	0.22

新机场线引起油库振动各指标统计如下：

油库振动各指标统计　　　　　　表10

	测点	1次	2次	3次	4次	5次	6次	7次	8次	9次	10次
最大加速度统计(mm/s^2)	7	3.87	12.23	4.53	4.53	22.15	18.69	18.69	4.81	22.15	27.57
	11	31.15	31.15	27.95	27.95	10.23	56.39	11.76	20.85	20.85	7.81

续表

	测点	1次	2次	3次	4次	5次	6次	7次	8次	9次	10次
最大速度统计(mm/s)	7	0.04	0.11	0.11	0.03	0.06	0.06	0.05	0.05	0.16	0.07
	11	0.05	0.05	0.05	0.07	0.07	0.09	0.09	0.05	0.05	0.07
	测点	11次	12次	13次	14次	15次	16次	17次	18次	19次	20次
最大加速度统计(mm/s^2)	7	3.35	58.40	3.35	4.42	13.96	3.45	4.81	19.37	27.77	3.84
	11	31.97	18.22	10.23	18.22	28.06	34.10	34.10	10.23	11.40	15.11
最大速度统计(mm/s)	7	0.06	0.06	0.06	0.09	0.09	0.04	0.03	0.07	0.15	0.04
	11	0.07	0.05	0.11	0.11	0.07	0.07	0.10	0.14	0.10	0.07

(二) 频域指标统计

新机场线引起玉泉营加油站振动各指标统计如下:

玉泉营加油站振动各指标统计 表11

	测点	1次	2次	3次	4次	5次	6次	7次	8次	9次	10次
最大速度指标(mm/s)	1	0.08	0.08	0.04	0.08	0.07	0.07	0.09	0.07	0.07	0.07
	2	0.05	0.05	0.04	0.03	0.03	0.05	0.05	0.03	0.05	0.06
	3	0.09	0.09	0.05	0.07	0.07	0.07	0.05	0.05	0.07	0.03
	4	0.07	0.07	0.05	0.07	0.07	0.08	0.08	0.05	0.09	0.09
	测点	11次	12次	13次	14次	15次	16次	17次	18次	19次	20次
最大速度指标(mm/s)	1	0.07	0.07	0.10	0.10	0.08	0.08	0.12	0.07	0.10	0.10
	2	0.06	0.05	0.05	0.05	0.05	0.05	0.05	0.05	0.05	0.13
	3	0.07	0.06	0.08	0.08	0.05	0.05	0.05	0.05	0.09	0.06
	4	0.09	0.08	0.06	0.08	0.09	0.07	0.07	0.17	0.07	0.06

新机场线引起油库振动各指标统计如下:

油库振动各指标统计 表12

	测点	1次	2次	3次	4次	5次	6次	7次	8次	9次	10次
最大速度指标(mm/s)	7	0.01	0.02	0.02	0.01	0.02	0.01	0.02	0.02	0.04	0.01
	11	0.01	0.03	0.03	0.01	0.01	0.01	0.01	0.03	0.03	0.01
	测点	11次	12次	13次	14次	15次	16次	17次	18次	19次	20次
最大速度指标(mm/s)	7	0.01	0.01	0.03	0.02	0.02	0.02	0.01	0.02	0.02	0.02
	11	0.01	0.01	0.02	0.02	0.01	0.01	0.02	0.02	0.01	0.01

(三) 分频最大振级

新机场线引起玉泉营加油站振动分频最大振级各指标统计如下:

玉泉营加油站振动分频最大振级各指标统计　　　　　　　表 13

	测点	1次	2次	3次	4次	5次	6次	7次	8次	9次	10次
分频最大振级(dB)	1	76.0	72.4	62.9	62.9	73.4	73.4	63.2	63.2	69.7	65.9
	2	71.0	71.0	64.6	71.0	61.3	70.8	62.6	65.9	67.7	63.8
	3	62.8	74.7	65.6	71.5	67.3	74.9	74.7	68.3	68.3	73.3
	4	74.3	74.3	73.2	73.2	60.2	72.2	64.5	66.6	68.4	65.6
	测点	11次	12次	13次	14次	15次	16次	17次	18次	19次	20次
分频最大振级(dB)	1	65.9	77.2	64.9	64.0	70.5	73.4	64.9	63.4	66.6	73.4
	2	70.9	73.6	64.7	73.6	65.0	65.0	71.6	64.7	61.7	64.9
	3	73.3	63.6	68.3	68.3	73.6	70.1	69.1	74.5	76.0	74.5
	4	76.2	64.8	66.9	73.3	73.3	65.1	65.1	66.4	68.6	60.2

新机场线引起油库分频最大振级各指标统计如下:

油库分频最大振级各指标统计　　　　　　　表 14

	测点	1次	2次	3次	4次	5次	6次	7次	8次	9次	10次
分频最大振级(dB)	7	59.5	61.8	57.1	57.1	65.0	63.2	59.5	58.7	65.0	63.8
	11	69.7	69.7	66.9	66.9	56.6	71.0	61.4	63.4	63.4	60.6
	测点	11次	12次	13次	14次	15次	16次	17次	18次	19次	20次
分频最大振级(dB)	7	60.0	68.1	60.0	57.4	61.2	57.1	59.6	65.1	65.1	56.4
	11	68.5	61.2	56.6	61.2	62.8	68.9	68.9	56.6	59.7	62.4

(四) Z 振级

新机场线引起玉泉营加油站振动 Z 振级各指标统计如下:

玉泉营加油站振动 Z 振级各指标统计　　　　　　　表 15

	测点	1次	2次	3次	4次	5次	6次	7次	8次	9次	10次
Z 振级 (dB)	1	80.3	76.7	68.5	68.5	80.3	80.2	69.6	69.2	74.0	70.7
	2	75.7	75.8	70.1	75.1	67.65	77.3	68.1	71.4	72.0	68.48
	3	69.1	80.4	70.2	74.7	71.3	81.2	79.45	74.68	74.1	79.3
	4	78.2	78.3	76.2	76.2	66.8	77.4	70.3	71.8	72.6	70.6
	测点	11次	12次	13次	14次	15次	16次	17次	18次	19次	20次
Z 振级 (dB)	1	70.7	83.2	71.9	70.9	75.1	79.1	71.9	69.0	74.3	79.1
	2	74.7	78.9	70.9	78.8	72.0	71.5	76.4	70.9	67.81	71.5
	3	79.16	68.68	74.68	74.1	77.78	75.6	72.3	79.58	80.73	79.6
	4	81.1	70.8	71.8	78.5	78.1	69.91	70.09	72.4	73.45	66.0

新机场线引起油库振动 Z 振级各指标统计如下:

油库振动 Z 振级各指标统计										表 16
	测点	1次	2次	3次	4次	5次	6次	7次	8次	9次	10次

	测点	1次	2次	3次	4次	5次	6次	7次	8次	9次	10次
Z振级 (dB)	7	63.4	66.6	62.5	62.8	70.4	68.4	65.7	63.3	70.4	71.7
	11	73.1	73.1	72.2	72.1	63.6	75.0	65.3	68.2	68.2	65.1
	测点	11次	12次	13次	14次	15次	16次	17次	18次	19次	20次
Z振级 (dB)	7	63.8	72.2	63.8	62.46	66.9	61.0	64.1	70.0	70.2	62.31
	11	74.0	67.2	63.6	67.1	67.1	73.5	73.4	63.55	65.0	67.5

附录3 中石化加油站统计

(一) 时域指标统计

新机场线引起中石化加油站振动各指标统计如下：

中石化加油站振动各指标统计　　表 17

	测点	数据1	数据2	数据3	数据4	数据5
最大加速度统计 (mm/s^2)	1	10.11	7.97	4.15	4.93	4.04
	4	9.45	14.83	6.08	5.17	3.45
	5	3.45	3.26	2.97	3.35	2.35
	8	7.05	15.24	4.35	6.65	5.35
最大速度统计 (mm/s)	1	0.05	0.05	0.03	0.04	0.05
	4	0.04	0.05	0.04	0.05	0.04
	5	0.03	0.02	0.02	0.02	0.02
	8	0.05	0.05	0.06	0.03	0.03

(二) 频域指标统计

新机场线引起中石化加油站振动各指标统计如下：

中石化加油站振动各指标统计　　表 18

	测点	数据1	数据2	数据3	数据4	数据5
最大速度指标 (mm/s)	1	0.03	0.02	0.01	0.05	0.03
	4	0.02	0.02	0.02	0.03	0.02
	5	0.01	0.01	0.02	0.02	0.01
	8	0.02	0.02	0.07	0.01	0.02

(三) 分频最大振级

新机场线引起中石化加油站振动分频最大振级各指标统计如下：

中石化加油站振动分频最大振级各指标统计　　　　表 19

	测点	数据 1	数据 2	数据 3	数据 4	数据 5
分频最大振级（dB）	1	72.0	62.9	64.2	65.7	63.1
	4	66.7	70.6	63.4	61.9	61.2
	5	63.1	62.3	60.2	62.8	57.0
	8	66.2	66.3	64.5	69.7	62.8

(四) Z 振级

新机场线引起中石化加油站振动 Z 振级各指标统计如下：

中石化加油站振动 Z 振级各指标统计　　　　表 20

	测点	数据 1	数据 2	数据 3	数据 4	数据 5
Z 振级（dB）	1	75.9	70.5	66.4	70.4	75.9
	4	66.6	73.8	66.0	71.8	66.6
	5	68.7	67.4	63.7	68.8	68.7
	8	69.2	66.3	66.5	71.2	69.2